ULRIKE HILLER

POLITIK IST WEIBLICH

ALS FRAU IN DEN MACHTZENTREN BERLIN, BRÜSSEL UND BREMEN

Kellner
VERLAG

Dieses Buch ist bei der Deutschen Nationalbibliothek registriert. Die bibliografischen Daten können online angesehen werden:
http://dnb.d-nb.de

Impressum

Inhaber: Manuel Dotzauer e. K.
St.-Pauli-Deich 3 • 28199 Bremen
Tel. 04 21 77 8 66
info@kellnerverlag.de
www.kellnerverlag.de

Lektorat: Manuel Dotzauer
Layout: KellnerVerlag
Umschlag: Jennifer Chowanietz
Titelillustration: Wikipedia
Foto S. 106: Tuesday Porter
Fotos S. 110, 126, 186, 187: Sammlung Ulrike Hiller
Gesamtherstellung: Der DruckKellner, Bremen

ISBN 978-3-95651-420-3

»So ist das Leben
und so muß man es nehmen,
tapfer, unverzagt und lächelnd –
trotz alledem.«

Rosa Luxemburg

Für Luzie & Jade

Inhalt

Mein Anliegen:

Dass sich mehr Frauen Politik trauen!
Ich war über 20 Jahre in der Politik unterwegs, erst im Stadtteil, dann im Stadt- und Landesparlament und schließlich in der Landesregierung. Hier war ich hauptamtlich verantwortlich für Bundes- und Europaangelegenheiten, für die Entwicklungszusammenarbeit sowie zwei Jahre lang für Integrationsfragen im Bremer Senat zuständig. Ich war Mitglied im Kongress der lokalen und regionalen Gebietskörperschaften und im Ausschuss der Regionen, Abgeordnete, Bundesratsmitglied, Beiratssprecherin, Beirats-Fraktionsvorsitzende, Ortsvereinsvorsitzende, Delegierte, Staatsrätin, Bevollmächtigte im Ministerinnen-Rang, Schriftführerin, A-Koordinatorin und Vorsitzende der Deutschen Delegation. Viele Begriffe, viele politische Ämter, mal ehrenamtlich, mal hauptamtlich. Leider verstehen nur wenige Menschen, was sich hinter diesen Begriffen verbirgt. Es gibt dafür keine Bedienungsanleitung, kein On-Boarding oder Coaching. Und

leider gibt es zu wenige Frauen, die diesen Schritt wagen und sich gegenseitig unterstützen. Auf Seite 201 in diesem Buch findet sich ein Glossar mit den wichtigsten Politik-Begriffen.

Ich bin keine Politik-Prominente, aber hatte die Chance, vieles aus dem politischen Alltag mitzuerleben und teilweise mitzugestalten. Ich war in der dritten oder sogar zweiten Reihe, konnte beobachten und privilegiert dabei sein! Als kleines Rädchen im großen Getriebe blieb ich immer wachsam und umtriebig. Ob es etwas bewirkt hat? Ich weiß es nicht, aber ich habe es versucht, und das allein zählt.

Seit vier Jahren bin ich nun raus aus der aktiven Politik und werde trotzdem immer noch gefragt, wie meine Einschätzungen zu politischen Geschehnissen sind: zu internationalen Entwicklungen, zu den kommenden Wahlen, Wahlkämpfen und möglichen Koalitionen oder auch zu einzelnen Politikerinnen und Politikern. Seit drei Jahren arbeite ich als Beraterin und Coach, unterstütze andere auf ihrem politischen Lebensweg und gebe auch politische Einschätzungen zu konkreten Gesetzgebungen und Prozessen auf europäischer und nationaler Ebene. Mein Herz schlägt nach wie vor für internationale Entwicklungen, gerade in Fragen der Nachhaltigkeit und hinsichtlich der »17 Ziele für eine bessere Welt«

(auf die ich in einem späteren Kapitel eingehen werde). Ich bin mehr eine Europäerin als eine Deutsche und frage mich immer wieder: Wohin steuern wir in Europa?

Ebenso war mein Interesse an den Personen, die da Politik machen, stets groß. Wie sind die wirklich? Sind die vertrauenswürdig? Welche Medien berichten seriös aus Berlin? Wem kann ich glauben und wer informiert mich wirklich?

Als Beraterin genieße ich die etwas distanziertere Position, um vieles vielleicht auch entspannter und damit differenzierter einzuschätzen. Ich muss mich nicht mehr aktiv »von einer Krise in die nächste« bewegen. Dieser Wahnsinn, diese Alarmbereitschaft und dieses ständige Reagieren-Müssen erinnern mich immer noch an einen Maschinenraum! Und in der Tat: Obwohl ich nun nicht mehr direkt in diesem politischen Maschinenraum dabei bin, verfolge ich natürlich die Entwicklungen und beobachte sehr bewusst.

Als ich im August 2019 aufhören musste mit dem aktiven Mandat als Bevollmächtigte und Staatsrätin der Freien Hansestadt Bremen für Bundes- und Europaangelegenheiten und Entwicklungszusammenarbeit, war ich sehr traurig, da mir die Arbeit wirklich sehr viel Spaß gemacht hat. Denn ich war mittendrin in der politischen Willensbildung, und immer gab es neue Entwicklungen und Fragestellungen, Probleme, die gelöst werden mussten, und neue Kommunikationsherausforderungen. Zuerst war ich wie entfremdet, und es kam mir merkwürdig vor, ohne diese teilweise sehr hohen Belastungen zu leben. Ich brauchte einige Monate, um zu erkennen, wie entspannt es sein kann, wenn man nicht mehr ständig zwischen Bremen, Berlin und Brüssel pendelt. Immer unter Strom und Druck, etwas zu erledigen und so viele Themen im Bundesrat, im Ausschuss der Regionen oder im Senat beziehungsweise der Bürgerschaft zu besprechen, zu diskutieren und Lösungen zu entwickeln. Ich fühlte mich ausgebrannt und auch irgendwie allein.

Auch die Verantwortung für fast 60 Beschäftigte in Brüssel, Berlin und Bremen war eine große Belastung, da es kaum möglich ist, allen gerecht zu werden und immer gute Entscheidungen zu treffen. Hinzu kamen viele spannende Veranstaltungen, die ich besuchen musste. Ich durfte Grußworte halten, führte Gespräche mit Schulklassen, Gruppen und auch Praktikant:innen – all das sorgte für einen sehr engen Terminkalender mit ständigen Anforderungen, die, einzeln gesehen, alle wunderbar waren, aber mich manchmal an meine Grenzen geführt haben. In dieser Umbruchszeit von September bis

Dezember 2019 habe ich meine Gedanken zum ersten Mal aufgeschrieben. Zum einen, um nichts zu vergessen, und zum anderen, um diesen Abschnitt meines Lebens zu verarbeiten.

Schön war, als ich merkte, dass aus den langjährigen politischen Kontakten, insbesondere in Berlin in den vergangenen sieben Jahren, wirkliche Freundschaften geworden sind. Das freut mich persönlich sehr, da von Außenstehenden oft angenommen wird, dass es in der politischen Blase nur um Beziehungen geht, die mir als Politikerin im eigenen beruflichen Fortkommen nützen. Das habe ich in der Politik nicht so erlebt, im Gegenteil: Beziehungen haben nicht einmal etwas mit der Parteizugehörigkeit zu tun, und wenn Du einmal Vertrauen zueinander entwickelt hast, bleibt das bestehen. Vertrauen und Loyalität sind meiner Meinung nach die wichtigsten Eigenschaften in der politischen Zusammenarbeit!

Es besteht allerdings kaum Zeit, die wertvollen Kontakte zu pflegen, da immer so viele Ansprüche von außen – häufig sehr kurzfristig – an die Politikerinnen und Politiker herangetragen werden. Flexibel muss man sowieso sein und darf nicht an starren Plänen festhalten; das Ziel und die Priorität sollten immer im Blick behalten werden.

Die heutige Politik wird von der Gesellschaft unter einen hohen Druck gestellt. Das liegt unter anderem an den sozialen Medien und an dem Druck der »herkömmlichen« Presse, die immer schneller und ungeduldiger berichten muss. Es gibt kaum noch Zeit für Recherche und ausführliche Beratungen, obwohl die Themen immer komplexer werden. Wird nicht direkt und konkret auf ein erkanntes Problem reagiert, kommen die verantwortlichen Politiker:innen in eine Bredouille. Dabei sollte doch eigentlich ausführlich und gewissenhaft über eine Problemlösung nachgedacht werden dürfen ...

Da gibt es einen schönen Spruch von dem früheren Ministerpräsidenten aus Rheinland-Pfalz, Kurt Beck: »Erst grübeln, dann dübeln.« Recht hat er, aber heutzutage ist das schwer durchzuhalten!

Der regelmäßige Austausch fehlt mir, da ich nun aus den damaligen Zusammenhängen herausgefallen bin, wenn ich dadurch auch einen distanzierteren Blick auf den »politischen Maschinenraum« werfen kann. Und davon möchte ich gern erzählen! Ich möchte Hinweise geben, wie ein Start mit politischem Engagement erfolgen oder wie man sich als aktive Politikerin verändern kann. Oft wurde ich als Beraterin hinzugezogen, um Menschen auf ihrem politischen Weg zu begleiten. Allerdings waren es bislang mehr Männer als Frauen, die um einen konkreten

Rat oder Begleitung baten, und das möchte ich gern ändern.

Bei meiner Erzählreise durch die Politik begleiten mich drei übergeordnete Fragenkomplexe:

- **globale Gerechtigkeit, Nachhaltigkeit und Entwicklung**
- **Demokratie und Föderalismus/Regionen in Deutschland, Europa und global**
- **Frauen und Männer in der Politik, Respekt und Anerkennung sowie Netzwerke und Seilschaften**

Es gibt viele Menschen, die ein sehr spezifisches politisches Interesse haben, sich zum Beispiel in ihrem Stadtteil für Fahrradwege oder Schulpolitik einsetzen oder auch global für Menschenrechte oder Klimaschutz. Für einige bleibt das konkrete Anliegen über Jahre das einzige Thema – entweder setzen sie sich dann erfolgreich durch, oder sie hören frustriert auf, weil es nicht so schnell geht und niemand auf sie »gewartet« hat. Diese Erfahrungen sind wirklich demotivierend. Für mich waren die Vernetzungen zwischen den einzelnen Politikgebieten immer besonders interessant.

Erwähnenswert ist sicherlich, dass ich schon von klein auf immer gegen Ungerechtigkeit »rebelliert« habe, ob zu Hause, in der Schule oder auch im Verein. Ich konnte es nicht aushalten, wenn es für mich oder auch andere ungerecht war, und habe es – teilweise auch ungefragt – geäußert! Mich hat die Ungerechtigkeit schon sehr früh getriggert, so dass es mir von Anfang an ein Bedürfnis war, meine Meinungen öffentlich zu vertreten. Das hat mir nicht geschadet – im Gegenteil. Ich möchte alle Menschen, besonders Frauen, dazu ermuntern, ihre Sichtweise auf die Welt mit der Öffentlichkeit zu teilen.

Politisch und persönlich konnte und kann ich es nicht akzeptieren, dass es auf dieser Welt so viel Elend gibt. Kinder arbeiten, anstatt zur Schule zu gehen, Frauen werden in verschiedenster Weise ausgebeutet und unterdrückt und Menschen werden aufgrund persönlicher Einstellungen oder auch äußerlichen Faktoren diskriminiert – das hat mich schon immer genervt!

Ich verstehe bis heute nicht das Problem. Wir sind ja eigentlich alle »schlau«, haben vieles erfunden und sind auch bis zum Mond geflogen – warum können wir die scheinbar »banalen Dinge« nicht lösen? Nennt mich verzweifelte Weltretterin!

Mein Mut, der meistens sehr spontan und impulsiv ist, hat mir in vielen Lebenslagen geholfen. Ich glaube, es ist wichtig, eine gute Beziehung mit sich selbst zu haben, sich seiner bewusst zu sein und mit sich selbst im guten Einklang zu stehen. Natürlich ist es wichtig, seine Ängste und Befürchtungen wahrzunehmen, aber auch zu spüren, wenn man etwas gut geschafft hat und sich etwas zutraut – nicht kokettieren, sondern zum eigenen Fan zu werden. Wenn ich nicht selbst von mir begeistert bin, warum sollte es jemand anderer von mir sein?

Wir sprechen immer von Vorbildern, und es gibt leider wenige Frauen, die ihre Erfahrungen dokumentieren und einen Verlag finden, der das druckt. Das finde ich sehr schade, weil es Orientierung gibt und auch Mut machen soll, seinen Weg zu gehen.

»Warum sollte ich politisch aktiv werden?«

Ja, diese Frage wurde mir häufig gestellt, und ich beantworte sie gerne.

Der Mensch ist ein Gewohnheitstier. Verstärkt durch die an die eigenen Bedürfnisse angepasste digitale Welt sind die Erwartungen an die Politik, Gesellschaft ganz allgemein, aber auch konkret an Nachbarn und Freunde heutzutage sehr hoch. Teilweise herrscht in den Diskussionen null Toleranz, dafür aber ungebremste Emotionalität – und dann wieder totale Lethargie und Uniformiertheit, wahrscheinlich aus einer Mischung aus Egozentrik, Frustration und Ohnmacht heraus!

Es stimmt, dass man durch individuelles Verhalten (z. B. der Verzicht auf Kreuzfahrten) keine großen Veränderungen schafft, sondern nur durch gesellschaftliche, strukturelle Veränderungen. Trotzdem muss man das Bedürfnis nach Veränderungen auch individuell unterstützen, da das eine das andere stärkt. Eine intolerante

Gesellschaft, die sich gegenseitig misstraut und aus einer emotionalen Ohnmacht agiert und schnell frustriert wird, birgt ein großes Risiko, vor allem hinsichtlich Spaltung und Abgrenzung.

Auch wenn durch Gesetze und Förderungen auf staatlicher Ebene vieles nicht nur angestoßen, sondern grundlegend nachhaltig und damit für das Allgemeinwohl ausgerichtet werden kann, so sind doch die persönliche Ebene und der eigene private Ermessensspielraum ebenso ausschlaggebend.

Bei der »Transformation unserer Welt«, wie die Agenda 2030 hoffnungsvoll betitelt wurde, geht es um die Veränderung der globalen Gesellschaft. Wir sind natürlich Teil dieser Gesellschaft. Ob wir wollen oder nicht. Und wir können Teil der Veränderung sein. Manchmal müssen wir es.

Wir können warten oder erwarten, dass die anderen – wer auch immer das sein mag – den ersten Schritt machen und sich ändern. Oder wir ändern die einzige Person, die wir wirklich ändern können: uns selbst. Andere können wir versuchen, zu überzeugen, mit Fragen, mit Worten und Ratschlägen, mit Zwängen und Gewalt. Aber können wir dadurch jemand anderen wirklich ändern? Fangen wir also bei und mit uns selbst an.

Ich war mit 29 Jahren kommunale Frauenbeauftragte in einer kleinen niedersächsischen Gemeinde, und da habe ich viele Erfahrungen mit politischen Herangehensweisen von Männern und Frauen gemacht. In den Gremien waren jedenfalls in den 1990er-Jahren fast ausschließlich männliche Vertreter, insbesondere im Bereich Finanzen, Bau und Energie/Verkehr, tätig. Mir ist immer aufgefallen, wie durch die männlichen Lebenserfahrungen (mit dem Auto morgens zur Arbeit und abends zurück ins Carport, Freizeitgestaltung im Golfklub, Fußballverein oder bei der Feuerwehr) die politischen Entscheidungen geprägt wurden.

Das ist kein Vorwurf, aber das eigene Leben formt einfach die eigene Wichtigkeit, und wenn ich mich nicht für Einkauf, Kinder und soziales oder kulturelles Leben interessiere, dann ist es mir auch nicht so wichtig. Wenn ich abends keine Angst auf dem Parkplatz habe, dann schaue ich auch nicht so sehr auf die Beleuchtung und die Wegverhältnisse.

Deshalb habe ich schon damals immer den Frauen gesagt, sie sollen mitmachen! Im Rat oder Landkreis wird darüber entschieden, wie mein direktes Lebensumfeld entwickelt wird. Wenn es keine diverse Zusammensetzung der Gremien gibt, wird natürlich nur einseitig entschieden.

Geduld ist wichtig. Mit uns selbst.

Ich handele aus eigener Überzeugung, das Richtige zu tun. Und sollte es sich irgendwann als falsch herausstellen, so kann ich mein Verhalten ändern und anpassen.

Ich bin zutiefst davon überzeugt, dass der Mensch, wenn er geboren wird, positiv ist, und dass viele etwas tun wollen, um die Welt besser zu gestalten. Ihre eigene Welt, aber auch die der anderen. Manchmal fehlen die Vorbilder und manchmal die Zugänge, aber der Wille ist da.

Wie sollte eine Politikerin sein? Tipps für die Positionierung

Politik ist komplex, unglaublich schnell und mit hohem Anspruch. Wenn du es also gut machen willst, brauchst du viel Zähigkeit und Leidenschaft. Egal, wo du dich engagierst – es sollte immer mit Leidenschaft für die Sache sein.

Manche glauben, dass man sich vornehmen kann, Politikerin zu sein ohne ein richtiges Anliegen und Engagement. Ich glaube, das klappt nicht wirklich!

Zum einen spüren Menschen, ob dir die Sache wirklich wichtig ist und am Herzen liegt, und zum anderen hältst du es auch nicht durch. Natürlich gibt es »blutleere« Karrierepolitiker:innen, die keine Meinung haben und nur versuchen, »durchzukommen« und von ihren Kontakten leben.

Natürlich muss nicht jede:r für das Thema brennen, und mit etwas Distanz und Strategie argumentiert es sich häufig leichter. Aber es bedarf schon einem echten Anliegen und nicht nur persönlicher Karriereplanung. Ohne politische Idee und Engagement geht es nicht – dann wird man nicht nachhaltig erkennbar, sondern beliebig.

Politische Erfolge sind nur im Marathon zu erzielen. Viele Personen, die ich kennengelernt habe und die politisch interessiert waren, hatten eine Position, die sie jetzt – direkt und unmittelbar – durchsetzen wollten, und dann kam der Frust schnell, weil sich niemand oder nur wenige darüber freuten.

Dieser Mangel an Geduld ist meiner Meinung nach in den letzten Jahren immer stärker geworden. Mit Ungeduld funktioniert aber kein politisches Handeln in einer Demokratie, und ich finde das, ehrlich gesagt, auch gut so.

Es ist wichtig, sich zu einem Thema verschiedene Meinungen genau anzuhören oder vielleicht sogar noch einen Rat einzuholen, bevor entschieden wird, ob man die Sache wichtig und richtig findet. Manche Dinge brauchen Zeit und sehen schon nach einigen Monaten ganz anders aus.

Es gibt nicht nur Schwarz oder Weiß, erst recht, wenn es viele Menschen betrifft; es gibt vor allem ganz viel Grau.

Ein schönes Beispiel dazu ist das Kopfsteinpflaster auf unseren Straßen. Wenn der Kanal neu verlegt wird, dann stellt sich die Frage, wie die Straße danach belegt wird: entweder mit einer Asphaltdecke oder den alten oder neuen Kopfsteinen. Ein wirklich emotionales Thema, wo es kaum Kompromisse gibt. Für den Kopfstein sprechen zum einen unsere Erinnerung und unsere Geschichte wie auch die Stadtatmosphäre, zum anderen fahren die Autos und Räder wesentlich langsamer, und es ist keine abgeschlossene Bodendecke, Regenwasser kann in den Boden sickern und Pflanzen können wachsen. Eine Asphaltdecke kann das nicht leisten, dafür ist sie leiser und sicherer, besonders bei Regen; sie ist auch barrierefreier und erzeugt ein ordentlicheres Straßenbild.

Man merkt schnell, es gibt für jede Seite Argumente, und nun muss man überlegen, was konkret die beste Lösung ist. Das ist Politik im Kleinen, aber auch im Großen. Informieren, diskutieren und entscheiden! Und von diesen Beispielen gibt es auf jeder politischen Ebene viele Themen. Deshalb ist für einen selbst ein Kompass besonders wichtig.

Wo will ich hin? Was ist mir besonders wichtig, und wie will ich mit anderen umgehen, damit ich Entscheidungen beeinflussen und auch durchsetzen kann – denn am schönsten ist politisches Handeln, wenn man was erreicht; sei es die energetische Sanierung einer Sporthalle oder ein Tariftreue-Gesetz mit der Vorgabe der Ilo-Kernarbeitsnormen zum fairen Handel oder die Öffnung der Sprachkurse für Flüchtlinge.

Die Digitalisierung – Fluch und Segen zugleich

Als ich im Dezember 2012 meine Tätigkeit in Berlin begann, war es für mich ein großer Spagat. Ich habe zwei wunderbare Töchter, die zu dem Zeitpunkt acht und zwölf Jahre jung waren und in Bremen blieben. Trotzdem habe ich diese Aufgabe in Berlin angenommen. Mir war mulmig, und ich wusste, ich konnte es nur schaffen, weil ich wunderbare Kinder, ein sehr unterstützendes Au-pair-Mädchen und ein Handy in der Tasche hatte. Die Handys, Tablets und Computer ermöglichen gerade auch Frauen, Aufgaben zu übernehmen und zeitgleich den Kontakt zu ihren Kindern zu behalten. Wir schwanken immer zwischen »Reichen wir als Frau, Mutter, Arbeiterin aus?« und »Sollten wir mehr für den einen oder anderen Bereich machen?«. Das ist fürchterlich und stresst unglaublich, aber es bietet auch die Möglichkeit, die vielfältigen Bedürfnisse eines Menschen auszuleben. Manche leben sie nacheinander oder schaffen es, sie auf kurzem Weg miteinander zu verbinden. Ich bin sicherlich ein Extrembeispiel mit den langen Wegen zwischen den Städten mit B. Ohne den Brückenbauer Handy wäre es nicht möglich gewesen, alles halbwegs gut zu vernetzen und zu organisieren.

Meinen Töchtern war es häufig egal, wo ich gerade wieder war, Hauptsache sie konnten mich per Handy erreichen. Natürlich gibt es auch Sehnsüchte, Einsamkeit und die Frage, warum bin ich jetzt in Berlin und nicht zu Hause in Bremen. Oft beschlich mich auch das Gefühl, fremd und ausgeschlossen zu sein, wenn ich nach Hause kam und alle lustig und glücklich beieinander waren. Unsere Handygespräche waren trotzdem die Möglichkeit, schnell und öfter am Tag mitzubekommen, was im Alltag gerade los war. Das funktionierte tatsächlich gerade dann besser, wenn ich nicht in Bremen war ... Ich hatte manchmal das Gefühl, durch die räumliche Distanz mehr zu erfahren, als manche Mutter, die jeden Tag nachmittags zu Hause war. Kommunikation ändert sich sowieso, so nehme ich auch bei meinen Töchtern viel mehr wahr, dass sie über die digitalen Kanäle kommunizieren, als sich real zu treffen! Das war natürlich in meiner Jugend und Kindheit nicht möglich, geschweige denn denkbar – aber ich kann verstehen, wie praktisch und komfortabel es ist, wenn man Hausaufgaben per

Facetime bespricht und sich in Chatrooms trifft und sich dort kennenlernt – und das schon vor Covid-19.

Wir leben in einer digitalen Welt, und die hat schon vor mindestens drei Jahrzehnten begonnen. Ich erinnere mich noch, wie ich im Studium meinen ersten Computer mit großen Speicherkarten bekommen habe und dort in Schwarzweiß wie auf einer besseren Schreibmaschine meine Hausarbeiten geschrieben habe. Auch von dem Telefon mit Wählscheibe habe ich es zu einem Handy und dann zu einem Smartphone geschafft. Eigentlich sind wir die Generation der Digitalisierungsentwicklung. Ich weiß noch, wie ich mit 33 Jahren in Kalifornien meine erste Mail schrieb – 1998 von der Universitätsbibliothek in Berkley – ohne zu bezahlen. uli33@freenet.com! Was für ein Erlebnis, wie cool war das! Keine Briefe, die ewig lange brauchten, um von einem Ort zum anderen zu gelangen. Ewig bedeutet hier nicht Minuten oder Stunden, sondern Tage oder Wochen. Was haben wir in einer langsamen Welt gelebt. Nun haben wir den Turbo an, und eine Mail ist schnell geschrieben. Auch Texte können ohne großen Aufwand korrigiert und verschoben werden. All das war vorher nicht denkbar. Ich entsinne mich noch an Schreibmaschinenkurse der Volkshochschule Hildesheim und an das

Gefühl, nun schnell tippen zu können und mit einem Korrekturband auch mal – zwar sichtbar, aber immerhin – Schreibfehler zu korrigieren.

Ja, und auch in der Politik hat sich durch die Digitalisierung so viel verändert. Alles muss schneller gehen, und die Bedächtigkeit des Grübelns wird immer mehr unmöglich gemacht. Es gibt Presseticker, die gefräßig den ganzen Tag gefüllt werden müssen, und deshalb braucht es Unmengen an Informationen und Neuigkeiten, die vielleicht gar keine mehr sind, und alle können mitmachen! Es bedarf fast keiner Profis mehr – jedenfalls scheint es so. Der bisherige Höhepunkt ist sicherlich Trump, der selbst die sozialen Medien bedient und auf nix mehr Rücksicht nimmt. Auf diese Weise entlarvt er sich oft genug in seinem Wesen und seinen Gedanken.

Auch der Wahrheitsgehalt von Informationen ist immer schwieriger herauszubekommen. Was stimmt und was nicht, wer hat was gesagt, und was meinen die Leute eigentlich? Meinungsforschende untersuchen die Stimmungen und Haltungen. Wahlumfragen und Forschungsinstitute kontrollieren permanent, wie Entscheidungen und Meinungen bei der Bevölkerung ankommen. Es ist fast eine Eins-zu-eins-Bewertung, ohne überhaupt abzuwarten, wie sich etwas langfristig entwickelt. Ich finde, das macht es wirklich ziemlich schwierig, unangenehme Entscheidungen, die aber auf längere Sicht gut sein könnten, wirklich durchzusetzen, da man weiß, dass sie kurzfristig nicht populär sind.

Auch der Umgang mit aus dem Zusammenhang gerissenen Zitaten führt häufig zu sehr schnellen Reaktionen in Versammlungen sowie in den sozialen Medien. Es führt meiner Meinung nach nicht zu einer Versachlichung und abgewogenen Position, sondern zu emotionalen Reaktionen und Haltungen und einer hektischen Meinungsbildung. Die Ungeduld wird immer stärker, und die Ruhe, Positionen erst mal auf sich wirken zu lassen, fehlt. Eigentlich sehr schade! Wahrscheinlich ist durch die digitale Welt unsere Ungeduld und sogar mangelnde Konzentration immer größer geworden. Ich spüre das jedenfalls bei mir persönlich sehr. Ich muss mich fast zwingen, das Handy wegzulegen und wirklich zuzuhören, da ich mir häufig schon sicher bin, was mein Gegenüber denkt und wie er oder sie argumentieren wird. Alles gründlich zu erfassen und zu beraten, ist im politischen Maschinenraum nicht möglich! Gedankenaustausch und entspanntes Beraten ist fast »oldschool« und hat etwas von »Steinzeit«.

Der Bundesrat wirkt an manchen Stellen wie aus so einer vergangenen Zeit, und wenn ich anfangs auch von bestimmten Ritualen irritiert war, habe ich mit der Zeit gerade diese Ruhe und auch den Austausch in einer vertrauten Atmosphäre besonders geschätzt. Es muss nicht immer schnell, schnell sein, aber leider ist es häufig so, und eine Krise jagt die nächste. Ich glaube, diese Sorge und vielleicht die Angst vor heftiger Kritik spüren vor allem die Menschen, die es direkt betrifft, und sie werden misstrauisch. Die Alternative wäre eine direkte Kommunikation, die die Chance lässt, alle Beweggründe ausführlich darzustellen, und eine Bereitschaft, all diese Argumente ernsthaft nachzuvollziehen. Das bedarf viel Offenheit und Bereitschaft, über die eigenen Interessen das Entscheidungssystem zu verstehen. Dafür fehlt uns häufig die Geduld und Ruhe, und so sind wir schnell in der Empörung und Distanz.

Durch Covid-19 wurde das mobile Arbeiten und auch Homeoffice für viele Berufstätige zu einer neuen Erfahrung. Mit einem Mal ging es schnell mit dem Einsatz von technischen Möglichkeiten, und es kristallisierte sich heraus, wer damit gut und auch flexibel umgehen kann und seine Arbeit schafft und wer diese Kompetenz nicht hat. Den Wunsch nach mobilem Arbeiten und Arbeiten von zu Hause gibt es ja schon seit Langem, gerade von Frauen und Männern mit Familie. Wir haben in der Landesvertretung in Berlin schon vor der Covid-19-Pandemie Dienstvereinbarungen zu diesen Themen mit dem Personalrat entwickelt und auch schon beschlossen, damit diese Arbeitsform ausprobiert werden konnte. Zu diesem Zeitpunkt ahnte noch niemand, dass es bald zu einer notwendigen Regelung durch die Pandemie kommen würde.

Es lag natürlich auch daran, dass gerade die Referent:innen im Bundesratsbereich viel im Bundestag und Bundesrat zu Ausschüssen und Beratungen unterwegs waren und dadurch schon eine mobile Arbeitsweise nutzten. Die Anschaffung des technischen Equipments war trotzdem eine große Belastung, da dafür kein zusätzliches Geld eingeplant war. Es war ein wenig zum Verzweifeln, was eine »normale« technische Ausstattung im digitalen Bereich – ob Serveranschlüsse in Brüssel, Veranstaltungssoftware oder eben Räume für Telefonschalten und Videokonferenzen – kosten sollte. Deshalb scheiterte es häufig am Geld oder die Anschaffung zog sich extrem lange hin. Hier fehlte mir häufig die Geduld, aber auch ein Verständnis für die Summen!

Ich habe während der Zeit als Bevollmächtigte überall, auch im Zug, gearbeitet, da es in meinem Arbeitsalltag häufig die entspannteste und ruhigste Zeit war, um Unterlagen durchzuarbeiten. Ich hatte zwei Büros und war immer am Pendeln. Deshalb finde ich es großartig, die technischen Möglichkeiten zu nutzen, um eine Vereinbarkeit von Familie und Beruf noch besser hinzubekommen und damit dem Argument »Das geht nicht« immer mehr entgegenzuwirken. Übrigens für beide Elternteile.

Auch viele »unnötige« Treffen könnten als Videocall einen besseren Zugang für alle ermöglichen. Abends auf dem Sofa noch eine Konferenz oder auch einen Vortrag zu verfolgen, ist leichter und barrierefreier möglich, als an einen festgelegten Ort zu fahren. Damit will ich allerdings nicht dazu auffordern, alle Veranstaltungen nur noch per Videokonferenz durchzuführen, da ja genau das gemeinsame Erleben und die Gespräche am Rande so wichtig sind! Auch die Präsenz im Büro und am Arbeitsplatz ist so wichtig und natürlich effektiver und konzentrierter. Aber die Möglichkeiten, wenn zum Beispiel das Kind krank ist oder die Fahrtzeiten dadurch reduziert werden, sollten genutzt werden.

Wie bin ich so geworden?

Meine Eltern hatten ein Spielwarengeschäft, waren im Schützen- und Einzelhandelsverband, kegelten und kannten alle Familien in der Kleinstadt und drum herum.

Ich wuchs mit einem ein Jahr älteren Bruder auf und war wohl von Anfang an sehr neugierig, schnell und freundlich. Ich genoss schon früh das vielfältige Leben im Geschäft, in der Nachbarschaft und auf der Straße. Wir spielten hauptsächlich draußen, es gab viele Banden. Mein kindliches Leben war nie langweilig, ohne Handy und Fernseher. Es war immer etwas los, ich liebte den Kindergarten und alle Feste und Aktivitäten in den Vereinen. Ich habe die Sommermonate immer in Mecklenburg verbracht und damit die DDR auch sehr bewusst erlebt. Für mich waren es unbeschwerte Zeiten auf der Insel Poel und in Wismar und drum herum. Die Menschen waren zugewandt und hilfsbereit. Bis heute fühle ich mich dort zu Hause.

Als Jugendliche engagierte ich mich in der Kirche, in Pfadfindergruppen und im Stadtjugendring. Mein Kompass war immer auf Gerechtigkeit eingestellt, begleitet von dem Glauben, dass es eine bessere Welt geben kann.

Ich entwickelte meine politische Haltung in einer niedersächsischen Kleinstadt. Ich kam mit Punks, der Kirche, Friedensbewegungen und Pfadfindern in Verbindung, aber auch mit Skins und alten Nazis. Ich musste 1972 in der Grundschule von dem Schreiben mit der linken auf die rechte Hand umlernen, was ich als pure Gewalt erlebt habe. Ich habe eine Rechtschreibschwäche, war auf der Realschule. Ich bin Erzieherin und Sozialpädagogin geworden.

Mit 29 Jahren habe ich noch ein komplettes Jurastudium begonnen. Warum dieser Stress? Wann reicht es? Wann bin ich zufrieden? Für wen mache ich das bloß alles?

Vom niedersächsischen Baggersee und Kartoffelacker ging es für mich mit 15 Jahren im Sportverein zum Deutsch-Französischen Jugendaustausch. Was für ein Erlebnis, was für eine wunderbare freie Welt. Frankreich hat mein Herz sofort erobert. Später, mit 21 Jahren, ging es als Au-pair wieder dorthin. Nach Europa – in die schönste Stadt der Welt – Paris!

Meine Prägung zu mehr Selbstbestimmung und Gerechtigkeit fand schon früh statt. Ich fragte mich als Mädchen: Warum ist das so?

Mein Bruder darf Sportschau nach dem Essen gucken, und ich soll der Mutter in der Küche beim Aufräumen helfen. Ich fand das ungerecht und langweilig und habe rebelliert. Warum werden Jungs und Mädchen bloß unterschiedlich behandelt?

Später, als junge Frau, fragte ich mich, ob Feministinnen auch weiblich sein und Kinder kriegen können. Den Feminismus erlebte ich als Studentin in Theorie und Praxis. Ich engagierte mich für geflüchtete Frauen und war als kommunale Frauenbeauftragte beratend tätig. Mir fiel diese Balance zwischen selbstbewusster Feministin und Frau mit emtionalen Bedürfnissen sehr schwer, und ich versuchte, immer mehr diese angeblich unterschiedlichen Bedürfnisse zusammenzubringen und auszuleben. Wir sollten immer versuchen, nichts wegzudrängen und die Vielfalt an Möglichkeiten erleben.

Ich erinnere mich an mein Poesiealbum als Schülerin, das damals sehr wichtig war, wie heute TikTok und Instagram. Dort schrieben Freundinnen, Verwandte und Schulkameraden Lebenssprüche sowie Glaubenssätze hinein. Die der Lehrerinnen verstand man häufig nicht, und manche waren versteckte Botschaften. Ein Spruch hat mich schon damals »aufgeregt« und ist mir immer in Erinnerung geblieben:

»Sei wie das Veilchen im Moose, bescheiden, sittsam und rein, und nicht wie die stolze Rose, die immer bewundert will sein.«

Diesen Spruch fand ich damals schon falsch. Warum nicht die stolze Rose sein?

Heute antworte ich mit Hildegard Knef und ihrem wunderbaren Song: »Für mich soll's rote Rosen regnen …«, der quasi mein heutiger Glaubenssatz ist.

Politik in und für Bremen – Stadtmusikanten sind mein Kompass

Ich wurde in meinen aktiven Jahren in der Politik häufig gefragt, wie man das schaffen kann. »Hattest du einen Plan?« Nein, hatte ich nicht! Ich habe lange gehadert, ob ich in eine Partei eintrete. Ich war immer sehr politisch interessiert und habe mich auch für andere eingesetzt, ob im Ausbildungspersonalrat, als Klassensprecherin oder auch im Asta der Hochschule Bremen.

Meine Eltern, als Kaufleute, haben mir immer gesagt, dass fürs Geschäft eine gewisse Neutralität notwendig sei. Freundlich, neutral und bitte nicht auffallen. Persönlich war mein Vater politisch sehr interessiert, und es gab am Küchentisch in den 1980er-Jahren viele harte Diskussionen zwischen uns, über die Friedensbewegung oder Kohl als Kanzler. Ich war die Opposition zu meinem liberal-konservativen Elternhaus.

In Bremen habe ich dann eine vollkommen andere politische Gesellschaft kennengelernt. Mein damaliger Partner Andreas Bovenschulte, jetziger Bürgermeister Bremens, ist in einem sozialdemokratischen Elternhaus aufgewachsen und war auch in Bremen sofort in den Juso-Verbindungen aktiv. Mir war das fremd und auch suspekt. Genosse war für mich ein seltsames Wort. Ich hatte durch die Hochschulpolitik an der Bremer Hochschule zuerst Kontakt mit Basisgruppen, und es machte mir einfach Freude, politisch zu diskutieren, mit Leidenschaft Argumente auszutauschen und konkrete Forderungen zu stellen und Aktionen zu planen, wie Streiks und sogar die Besetzung des damaligen Fachbereichs Sozialwesen, der dichtgemacht werden sollte. Es war echt was los, und die Vollversammlungen, ob im Fachbereich oder der Hochschule, waren richtige Ereignisse, wo sehr leidenschaftlich diskutiert wurde.

Mir wurde schon damals eine sozialdemokratische Nähe vorgeworfen, die ich so gar nicht sah. Meine damaligen Vorbilder waren eher die grüne Sozialpolitikerin Karoline Linnert und die linke Professorin Susanne Schunter-Kleemann. Gerade die Professorinnen aller Fachbereiche an der Hochschule Bremen haben mich sehr geprägt und unterstützt, neben Susanne Schunter-Kleemann auch Renate Meyer-Braun und Inge Buck. Wir waren nicht immer einer Meinung, aber es wurde diskutiert und sich ausgetauscht, und es gab eine für mich unbekannte Solidarität und Unterstützung.

Es war die Zeit der Frauengruppen. Sogar ein reiner Frauen-Asta an der Uni Bremen wurde diskutiert und die Frage, ob wir uns besser unter uns entwickeln sollten oder mit den Männern zusammen.

So habe ich auch meine Diplomarbeit zum Thema der geflüchteten Frauen in Bremen geschrieben. Es war für mich immer wichtig, das Thema Migration und Europa mitzudenken.

Andere Kulturen haben mich sehr angesprochen. Meine Arbeit als Studentin in einer Flüchtlingsunterkunft war für mich besonders prägend. Mit den Familien aus dem Libanon und aus Somalia eng zusammenzuarbeiten und auch die familiären Strukturen wahrzunehmen, hat mich persönlich weitergebracht, ob pädagogisch, emanzipatorisch oder einfach menschlich. Eigene Vorstellungen zu reflektieren und in einem reinen Frauen-Team mit Frauen aus Palästina, dem Libanon und Jordanien zusammenzuarbeiten, war eine große und wichtige Erfahrung. Vieles ist zufällig passiert, aber hat bei mir sehr positive Spuren hinterlassen, und ich bin dankbar für all diese Erfahrungen.

Als ich schwanger wurde und mir klar war, dass ich nun für eine Zeit nicht berufstätig sein sollte, entschied ich mich dafür, jetzt auch ehrenamtlich Politik zu machen. Nicht als Sozialarbeiterin oder Frauenbeauftragte, sondern bei mir im Stadtteil für mein Leben. Ich schwankte zwischen einem gewerkschaftlichen Engagement oder einer politischen Arbeit im Stadtteil, konkret im Beirat. Ich war mit 17 schon in die ÖTV eingetreten, was übrigens meine Eltern sehr befremdet hatte, nun wollte ich mich aktiv in einer Partei für den Stadtteil, in dem ich lebe, engagieren und mich persönlich bekennen. Meine Nähe zur SPD lag sicherlich an meinem Partner und auch an den zunehmenden Kontakten und Freundschaften. Allerdings waren es mehr Männer, die ich in der SPD als Vorbilder gesehen habe.

Ich hatte mich entschlossen, für den Beirat im Stadtteil Mitte zu kandidieren, und wurde, da zwei erfahrene Genossen einander die Sprecherposten nicht gönnten, unerwartet sofort zur Beiratssprecherin für vier Jahre gewählt.

So ist Politik, nicht wirklich planbar, da sehr viel von Zufälligkeiten und auch von Wahlergebnissen abhängt. Jeder und jede, die einen festen Plan hat und nicht mit Leidenschaft die Dinge, die gerade anstehen, tut, wird scheitern. Politik dient für anderen und sollte keine ausschließliche Karriereplanung beinhalten.

Die Politik ist wie ein Kompass, der sich bei mir an den Bremer Stadtmusikanten orientiert: Verändere dein Leben, wenn es nicht mehr gut ist, und tue dich zusammen, damit du es schaffst! Mit dem Herz auf der richtigen Stelle ist vieles möglich.

Was macht Politik im Kern eigentlich aus?
Um Strukturen und Zusammenhänge verstehen zu können, sollten diese Grundsätze erstmal geklärt und hinterfragt werden:

- Wie funktioniert was, und warum passiert das so und nicht anders?
- Wie kann man durch verschiedene Instrumente Strukturen verändern?
- Welche Möglichkeiten habe ich, und warum werde ich scheitern, wenn ich es allein versuche?

Zuerst zur letzten Frage: Ich glaube, dass es sehr wichtig ist, immer mit anderen gemeinsam die eigenen Interessen zu vertreten. Politische Entscheidungen abzustimmen und zu treffen, ist nicht easy, sondern wirklich kompliziert und komplex!

Es ist nicht einfach, alle Aspekte gut und gründlich zu beleuchten, um zu einer abgewogenen und für die Gemeinschaft gut vertretbaren eigenen politischen Position zu gelangen.

Haltungen und persönliche Meinungen hat man sehr schnell, aber Politik hat die Aufgabe, nicht nur für sich selbst, sondern für das zuständige Gemeinwesen Entscheidungen zu finden. Dafür braucht man ein umfassendes Wissen der einzelnen Fachbereiche, der Lebenssituation der Betroffenen und auch eine Übersicht, was die Entscheidung für andere mit sich bringt, finanziell, planerisch, sozial und wirtschaftlich. Es ist eine komplexe Anforderung, die auch Spaß macht, da man sich wie eine Detektivin auf die Suche macht, um die beste Lösung zu finden.

Häufig werden Haltungen des »gesunden Menschenverstands« eingenommen, aber der Weg dahin ist in der Regel sehr kurvig, da viele ihre persönlichen Meinungen und Interessen vorbringen und auch mit gesehen werden möchten.

Ich habe bei mir gemerkt, dass gerade mein Lebensweg mir sehr geholfen hat, an der Komplexität nicht zu verzweifeln. Ich habe viele persönliche Erfahrungen machen dürfen, als Erzieherin und Sozialarbeiterin habe ich schwierige Lebensschicksale kennengelernt und auch da versucht, Lösungen zu finden. Meine juristische Ausbildung hat mir eine Systematik beigebracht, komplexe Probleme anhand von Gesetzen zu lösen.

Frauen und ihre Vorbilder, Prägungen und Unterstützung

Es wurde schon viel über Frauen geschrieben. Meistens werden sie als das Problem dargestellt oder sie werden gegeneinander ausgespielt. Es gibt in der christlich-europäischen Lehre nur zwei wirkliche Vorbilder, die sich komplett widersprechen: Eva und Maria.

Maria – die Mutter ohne Empfängnis, die Reine und Gute und Fürsorgliche – und Eva – die Verführerin und Sündige, die ihre eigenen Interessen und ihre Macht gegenüber dem Mann ausspielt. Das ist sicherlich sehr vereinfacht, aber dadurch auch wesentlich leichter erkennbar, in welchem Dilemma Frauen stecken. Vielleicht sollten wir aufhören, uns über Eva und Maria zu streiten und uns lieber wie Europa etwas von den Männern tragen lassen, um zum Erfolg zu kommen ... Das ist natürlich ein Spaß, aber etwas Humor wäre unter uns Frauen schon ein erster guter Schritt nach vorne.

Wir werden aufgerieben in unseren eigenen Erwartungen und Ansprüchen und schaffen es eigentlich nie, uns selbst zu gefallen und stolz auf uns zu sein – geschweige denn, dass es andere tun.

Was wir brauchen, ist eine Kultur der weiblichen Unterstützung und gegenseitigen Ermutigung.

Ich konnte in meinen verschiedenen beruflichen Stationen erleben, wie Männer und Frauen doch sehr unterschiedlich mit dem eigenen Geschlecht umgehen. Besonders aufgefallen ist mir das als kommunale Frauenbeauftragte in einer kleinen niedersächsischen Gemeinde. Ich war in der Führungsebene als Frauenbeauftragte die einzige Akademikerin, Frau und mit Abstand auch die Jüngste. Jeden Dienstag traf sich die Führungsebene, also die Abteilungsleiter, im Büro des Bürgermeisters, um die wöchentlichen Themen und Probleme zu besprechen. Die Sitzungen dauerten lange, und schnell haben die Herren vergessen, dass ich als einzige Frau mit in dem Kreis dabei war. Für mich war besonders interessant, wie freundlich und entspannt es zuging. Nicht nur, dass ab und zu ein Witz zum Besten gegeben wurde, der auch häufig wirklich lustig war, es wurde auch sehr partnerschaftlich und offen über die aktuellen Themen gesprochen. Selbst Fehler der Vergangenheit wurden angesprochen, und es war wirklich ein großes Vertrauen und

Verzeihen untereinander. Mir wurde sehr schnell klar, wie wichtig solche Strukturen sind, um gut zu arbeiten und erfolgreich zu sein.

Dagegen waren meine Erfahrungen in reinen Frauenarbeitszusammenhängen genau anders. Die Frauen waren in der Regel gestresst und abgehetzt, da sie ebenfalls fleißig waren und immer viel zu tun hatten. Es war wie ein eigener Drang, sich zu bestätigen, wie wichtig unsere Arbeit ist und wie viel wir zu tun haben. Ich nehme mich da überhaupt nicht aus, dieser Reflex ist bei mir bis heute tief verankert! Viel tun zu müssen und immer etwas gehetzt zu sein, schützt anscheinend auch vor Kritik und vor dem Gefühl, nicht wichtig zu sein.

Es gibt leider bislang viel zu wenig Humor in reinen Frauen-Arbeitszusammenhängen, und auch an einer gesunden Unterstützung und Fehlerkultur mangelt es oft. Frauen stehen unter Strom und können sich keine Fehler erlauben, da sie dann angreifbar sind. Wir machen uns oft selbst zu viel Druck!

Allerdings hat dieses Verhalten einen wirklich tieferen Kern, da auch in gemischten Arbeitszusammenhängen nach wie vor Frauen schneller, erbarmungsloser und härter beobachtet und kritisiert werden und damit eher Gefahr laufen, als inkompetent und unfähig dargestellt zu werden, insbesondere von den Männern – aber auch von anderen Frauen, leider!

Es gibt nach wie vor große Probleme angesichts eines nicht respektvollen und unterstützend-professionellen Umgangs miteinander und einer fehlenden Solidarität unter den Frauen, wie sie zwischen Männern doch so selbstverständlich ist. Das Klischee: Junge, vereinzelte Frauen werden teilweise von Männern stärker »akzeptiert« und instrumentalisiert, ohne dass sie es selbst erkennen und auch keine Chance haben, etwas dagegen zu tun.

Deshalb ist es so wichtig, dass es eine klare Zusammenarbeit und Kritikkultur zwischen den Frauen gibt. Das bedeutet, Kritik wird direkt und untereinander geübt, aber nie im offenen Feld. Stattdessen ist eine gegenseitige Unterstützung angebracht, wodurch reale Arbeitszusammenhänge geschaffen werden.

Wir sind häufig gewohnt, dass wir alles alleine schaffen müssen. So erging es mir auch. Aber ich weiß, ohne äußere Unterstützung – zum Beispiel durch die Kindergartenleitung in meiner Heimatstadt, die zu meinen Eltern ging und ihnen klar vermittelt hat, was Sache ist und wie wichtig es ist, dass ich weiter lerne und mich entwickle – hätte ich niemals studiert.

Ohne die Professorin an der Hochschule Bremen, die mir viele Vorträge ermöglicht und die

Chance, an ihrem Buch mitzuschreiben, zugestanden hat, trotz meiner Rechtschreibschwäche, hätte ich nie gelernt, so gut zu kommunizieren und mich politisch zu äußern. Und auch ohne die (vielleicht unbewusste) Unterstützung von Männern – ob im Studium oder auch in der politischen Arbeit – wäre ich nie meinen Weg gegangen. Wenn du von zu Hause, von deiner Familie keinen Support als junge Frau bekommst, dann brauchst du andere, die dich aktiv unterstützen. Deshalb müssen wir als gestandene Frauen auch jüngere Frauen unterstützen, und zwar aktiv. Ihnen Mut machen, ihre Potenziale sehen und aktiv Kontakte für sie nutzen.

Wir brauchen Mut und dürfen nicht glauben, dass wir alles vorher können müssen. Nein, jede neue Aufgabe ist eine Herausforderung, und wir lernen daran und wachsen. Wenn wir vorher schon alles können, dann müssen wir diese Aufgabe nicht übernehmen.

Und wie sagte mein alter Bürgermeister: »Wer Kisten stapelt, schmeißt auch welche um.« Das heißt, mach Fehler, aber tue was. Wenn du nix ausprobierst, dann machst du auch keine Fehler, aber es bringt dich auch nicht weiter! Und verstecke deine Fehler nicht, sondern zeige, dass du nicht alles gut kannst. Das entlastet einen auch dem Anspruch, perfekt sein zu müssen, und macht einen freier und dadurch häufig entspannter!

Diese ganzen Weisheiten sind natürlich extrem verallgemeinert, nicht empirisch belegt und treffen auch nicht auf jede zu, aber bestimmte Grundzüge sind überall erkennbar, auch in der Politik!

Erfolge und Niederlagen in der Politik – Wahlen gewinnen und verlieren

Deine Erfolge wirst du nie vergessen – allerdings auch deine Niederlagen nicht. Zum Thema Erfolge und Niederlagen in der Politik kann man, wenn man in der Politik aktiv ist, sehr viel schreiben. Die Erfolge oder persönlichen Wahlsiege sind honigsüß und wunderbar – es ist fast wie ein Rausch bei einem Suchtabhängigen. Wahrscheinlich liegt es daran, dass man sich als ganze Person zur Wahl stellt, mit seinem Charakter, seinen Überzeugungen und Leistungen oder zukünftigen Vorstellungen und Wünschen – es ist das Gesamtpaket, und damit wird auch – gerade bei einer immer stärkeren Persönlichkeitswahl – die Person insgesamt gewählt oder nicht. Man bringt sich vollkommen ein, um vom Ortsverein, Parteitag oder von den Bürgerinnen und Bürgern gewählt zu werden. Wer eine Wahl gewinnt, ist dadurch nicht nur persönlich erfolgreicher und kann durch das Vertrauen mehr politisch wirken, sondern wird auch in der politischen Klasse wesentlich stärker und machtvoller wahrgenommen.

Benannt zu werden, ist wie eine Bewährung, und die Phase bis zur (Wieder-)Wahl ist die schwierigste Zeit, da es jetzt darum geht, das Vertrauen zu nutzen und nicht zu enttäuschen, sondern sich für die nächste Wahl schon vorzubereiten.

Nicht nachlassen, wenn ich ein Mandat oder eine gewählte Position habe, ob in der Basis oder als Abgeordnete, Bürgermeisterin oder Ministerin. Die Wählerinnen und Wähler verzeihen nicht, weder in der eigenen Fraktion noch im Ortsverein oder der Bevölkerung. Das ist anstrengend, und deshalb ergibt es keinen Sinn, wenn ich nicht wirklich für die Aufgabe brenne, mich dann zur Wahl zu stellen und die Aufgabe zu übernehmen. Es ist so schnell spürbar, ob jemand wirklich Lust und Energie hat oder es nur der eigenen Positionierung dient oder weil es jemand machen musste.

Im Volksmund heißt es: »Die Menschen sehen, was sie sehen wollen!« Das stimmt genau. Gerade bei großen Wahlen der Ministerpräsidentinnen und Ministerpräsidenten oder bei der Kanzlerschaft werden ganz schnell medial bestimmte Vorstellungen zu einer Person, die sich zur Wahl stellt, gefasst, ohne dass man sie persönlich kennt! Es sind Themen wie Vertrauen, Seriosität, Mut und Entschlossenheit, aber auch Kompetenz und Fürsorge, die durch Bilder und Auftritte in den Medien oder auf Veranstaltungen rüberkommen oder eben nicht. Wenn dieses Bild erst mal steht und gefasst ist, dann wird es schwierig, daran noch etwas zu verändern.

Bei Frauen sind die Verbindungen mit bestimmten Führungseigenschaften viel enger als bei Männern. Hier sind wir wieder bei Maria und Eva! Frauen sollen ihnen, also den »normalen« Frauen, ähnlich sein und trotzdem Führungsstärke zeigen. Es ist schwierig, unter diesen Voraussetzungen nicht abgehoben zu wirken. Eine französische Politikerin, die sich nur extravagant kleidet und auch einen gewissen gehobenen Lebensstil repräsentiert, würde in Deutschland nicht akzeptiert werden, was ich auch gut finde!

Trotzdem sollte eine bestimmte Freude und auch Weiblichkeit in der offiziellen Garderobe sichtbar sein. Wenn die eigene Persönlichkeit komplett unsichtbar ist, dann wirken wir als Frauen nicht mehr glaubwürdig. Ich rate jeder Frau, diese Punkte sehr gut zu überlegen und sich auch als Bürgermeisterin oder Abgeordnete den Rat von außen zu holen. Es lohnt sich für das eigene Auftreten, und schützt vor der Kritik von außen, die immer wieder bei Frauen an ihrem Aussehen hängen bleibt.

Das übrigens ärgert mich total, immer diese Diskussionen über das äußere Erscheinungsbild von Frauen im politischen Raum. Da wird Frau zur Ware! Es geht nicht mehr darum, was Politikerinnen sagen und welche Haltungen sie haben, sondern ob sie zu männlich oder zu schlecht gekleidet sind. Es ist die öffentliche Betrachtung von Frauen zwischen Eva und Maria, die dann womöglich als »Mannsfrau« wahrgenommen wird.

Äußerliche Führungsstärke ist allerdings bislang zutiefst männlich: Tarzan fällt mir dabei immer ein, der uns mit dem muskulösen Körper und dem netten Gesicht aus dem Urwald rettet. Er muss stark, aber auch freundlich-attraktiv sein, um unser Vertrauen zu bekommen. Für Männer, die das äußerlich nicht ausstrahlen, ist es ebenfalls schwierig, positiv wahrgenommen zu werden! Sie brauchen eine Bande von Jungs um sich herum, die klar auf den »Chef« hören und die Eigenschaften abdecken, die der Anführende selbst nicht darstellt. Es geht dabei nicht um die inneren Werte, sondern nur um das äußere Erscheinungsbild von Führung. Übrigens ist eine tiefe Stimme auch sehr unterstützend in der Wahrnehmung!

Doch zurück zu den Frauen und den Erfolgen und Niederlagen von Wahlen: Eine gute Vorbereitung ist eigentlich selbstverständlich! Sich zur Wahl zu stellen, bedeutet normalerweise, dass man gefragt wird. Frauen melden sich bislang selten von allein, was bei Männern schon häufiger zu beobachten ist. Dann grübeln die Ladys, ob sie es überhaupt können und schaffen – nicht, ob sie Lust darauf haben und wer sie unterstützen könnte. Sie denken meistens für sich allein oder mit ihrem Partner, der aber vielleicht eigene Interessen verfolgt und gar nicht möchte, dass sich die Partnerin stärker engagiert oder öfter weg ist! Während männliche Wahlvorbereitungen häufig damit beginnen, dass sich verschiedene Männer aus dem Bekanntenkreis – manchmal auch Frauen – melden und ihre Unterstützung bekunden, da sie, wenn sie davon überzeugt sind, dass die Person gewinnt, ja auch Teil des Erfolgs sein wollen, grübeln Frauen häufig für sich und sprechen auch wenig mit anderen über mögliche Unterstützung einer Wahl. Denn sobald sie mit anderen darüber sprechen, würden sie zugeben, dass sie gewinnen möchten, aus der grauen Masse heraustreten und sich vielleicht dadurch abheben möchten. In vielen Köpfen passen solche Eigenschaften nicht zu einem Frauenbild. Alles sehr kompliziert und komplex!

Männer dagegen überlegen im Rudel, wer für sie gewinnen könnte und wen sie zum Sieger machen, damit sie Teil des Erfolgs sind. Sie setzen dabei selten auf Frauen, weil sie gar nicht in diese strategischen Gedanken passen.

Frauen wollen sich nicht in Abhängigkeiten begeben und dann Teil eines Erfolgs sein. Die Frage ist, ob sie überhaupt für sich kämpfen wollen und was der Preis dafür ist. Außerdem möchten sie lieber gebeten werden, als selbst aktiv zu werden. Aber bei attraktiven Wahlen wird selten jemand gebeten, der nicht schon eine Gruppe oder ein Netzwerk hinter sich hat. Okay, sind wir so weit und stellen uns trotz aller Ängste zur Wahl, dann geht es natürlich erst richtig los. Es ist immer schwierig, sein Handeln von Außen zu betrachten, zu beurteilen, ob die Wählerschaft einen wirklich wählt. Es ist deshalb schwierig, weil die Leute einem selten die Wahrheit ins Gesicht sagen, wenn sie Zweifel an der Kandidatur haben. Da stehen die persönlichen Beziehungen einer neutralen Bewertung im Weg. Also wird versucht, die Frage nicht zu beantworten, oder es wird gelogen.

Bei meiner Wahl zur stellvertretenden Fraktionsvorsitzenden habe ich damals fast alle Abgeordnetenkolleginnen und -kollegen persönlich angerufen und hätte danach haushoch gewinnen müssen, habe dann aber mit einer Stimme gegen meine Konkurrentin verloren. Den danach erfolgten Anrufen zufolge – von allen, die es bedauerten, dass ich nicht gewonnen habe – hätte ich eine satte Mehrheit gehabt, also haben mich einige aus schlechtem Gewissen oder allgemeiner Sympathie angelogen und nicht gewählt!

Diese Erfahrungen sind extrem schmerzlich, weil auf einmal das Gefühl des Vertrauens ins Gegenteil, nämlich ins Misstrauen verfällt. Wer ist ehrlich mit mir, und warum wählen sie mich nicht, wenn sie doch vorher und sogar hinterher etwas anderes sagen? Ich habe da heute keinen Groll mehr und weiß, dass jemand anderes für mich hätte die Wahl vorbereiten müssen. Was sagen die Leute/Kolleg:innen zu einer Kandidatur? Darüber lernt man dann wirklich viel, auch für eine Strategie zum Wahlerfolg. Denn jede Wahl, die man anstrebt, sollte man wirklich gewinnen wollen. Jede Niederlage ist dafür zu schmerzhaft und schwächt einen insgesamt, um es nicht wirklich 100-prozentig vorher zu wollen. Das nagt und nimmt einen persönlich sehr mit. Genauso ist es bei großen, in gewisser Weise anonymen Wahlen, wo du nicht jede Person persönlich kennst, ob als Kandidatin für den Landtag oder auch als Ministerpräsidentin. Auch hier hörst du selten vorher Zweifel oder persönliche Kritik. Du merkst allerdings, wenn einem die Personen aus dem Weg gehen oder nicht mehr mit dir sprechen. Du spürst die Stimmung, und gerade die anderen, die am Wahlstand stehen, erleben dann häufig die ehrliche Einschätzung: Harmlos ist, wenn jemand dich nicht kennt, da er oder sie noch nicht in gut oder schlecht, kompetent oder inkompetent, vertrauenswürdig oder misstrauisch unterschieden hat.

Es geht ruckzuck, dass sich Menschen aufgrund von Bildern »ein Bild machen«! Wenn das passiert ist, dann ist es nicht einfach – eigentlich nur durch einen persönlichen Kontakt –, dieses Bild wieder zu verändern: »Die ist doch gar nicht so ...« Was aber, wenn es kaum Möglichkeiten für reale Begegnungen gibt?

Also bleibt das Bild, ob positiv oder negativ, bestehen.

Ich habe am Wahlstand häufig erlebt, dass Bürgerinnen und Bürger auf ein Bild zeigen und mir dann sagen: »Die mag ich und den mag ich nicht«, und bei der Frage, ob sie ihn oder sie denn kennen, »Nein« antworteten. Aber es war zu spät, sie waren festgelegt! Da passiert viel im Unterbewusstsein. Anhand des Gesichtes schauen wir, was uns vertraut vorkommt und was wir sympathisch finden.

Es ist mir wichtig zu vermitteln, dass bei einer öffentlichen Wahl die Wählerinnen und Wähler eine öffentliche Person wählen. Das heißt auch, dass dieses Bild nicht immer etwas mit der realen Person zu tun haben muss. Natürlich wünschen sich alle, dass die öffentliche Person auch identisch mit der realen Person ist, aber es muss nicht zwingend so sein. Manchmal ist es sogar gut, wenn es eine bestimmte Distanz zwischen dem öffentlichen Amt und dem persönlichen Leben gibt. Das ist aber nicht immer so einfach, da es natürlich viele Brücken gibt, die es zu überqueren gilt.

Frauen und Männer in der Berliner Politik

Angeblich gibt es eine politische Blase in Berlin.

Das stimmt sicherlich, weil man sich bis zum Ausbruch der Corona-Pandemie im März 2020 häufig an bestimmten Orten traf, ob im Bundestag oder auch im Bundesrat, auf parlamentarischen Banden oder beim Diskussions-Frühstück irgendwelcher Verbände und Unternehmen, bei Veranstaltungen der Landesvertretungen oder der Botschaften in Berlin.

Es gab einen regen Austausch und ein großes Angebot von morgens 7.30 Uhr bis abends 22 Uhr. Angeblich fanden in den Parlamentswochen täglich über 300 Veranstaltungen statt. Ein großes Treiben mit Neujahrsempfängen, Sommerfesten und großen, auch internationalen Ereignissen in der Hauptstadt!

In meinem ersten Jahr hatte ich in Berlin kaum freie Abende, an denen es keine Einladungen zu irgendwelchen aktuellen Themen oder auch kulturelle Präsentationen gab. In der

Regel war mein Abendprogramm von zwei bis vier Veranstaltungen geprägt. Kontaktpflege und die wichtigsten Informationen aufgreifen waren die zentralen Aufgaben. Als Repräsentantin eines Bundeslandes waren natürlich gerade die aktuellen Fragen, die im politischen Raum diskutiert wurden, am zentralsten. Was sagt die Stahlindustrie zum Dumping-Stahl aus China, und was das Auswärtige Amt? Wie geht es weiter mit dem Energieeinsparungsgesetz und mit der Raumfahrt? Wie entwickelt sich der Dieselskandal in der deutschen Automobilindustrie, und was macht die Forschung von grüner Mobilität? Die Diskussionen über die Flüchtlings- und Migrationspolitik waren genauso zentral wie der 5G-Ausbau und das Kita-Gesetz. Es waren immer viele Themen parallel zu beobachten, und es war immer wichtig, als kleines Bundesland präsent zu bleiben, gerade im diplomatischen Bereich, da besonders die internationalen Kontakte für einen Hafenstandort zentral sind.

Ich hatte die Ehre, viele große Politikerinnen in Berlin aus direkter Nähe zu erleben, ihre Strukturen kennenzulernen, ihre Wege zum Erfolg zu begleiten und die wahnsinnige Belastung von Spitzenfunktionen wahrzunehmen, ob Ministerinnen, Ministerpräsidentinnen, Bundestagsabgeordnete, Staatssekretärinnen oder hohe Beamtinnen.

Je mehr Gelassenheit und Humor vorhandenen ist, umso (scheinbar) leichter lässt sich der Stress und Druck aushalten. Je mehr der eigene Stil der weiblichen Norm entspricht und kein männliches Verhalten kopiert wird, umso höher ist die Akzeptanz auch von den Männern. Es ist notwendig, sich selbst treu zu bleiben und eine gewisse Distanz zur Funktion zu halten. Humor hilft extrem, mit den Angriffen zurechtzukommen, genauso wie ein komplett loyales und unterstützendes Team! Das ist alles schnell aufgeschrieben und liest sich auch leicht weg, aber im echten Leben da draußen ist es eine hohe Kunst. Du hast inhaltlichen Stress, weil dir ein Thema besonders wichtig ist, und du merkst, es hat viel mehr Tiefe und Schwierigkeiten, als du dachtest. Oder du hast zwar klar im Koalitionskreis etwas vereinbart, aber deine Koalitionspartner:innen oder deine Beamt:innen oder die Medien folgen dir nicht und versuchen, es kaputtzumachen. Dann professionelle Distanz zu wahren oder nicht empfindlich und sensibel zu reagieren, ist wirklich eine Herausforderung. Und du hast ja nicht, wie wir alle außerhalb des Entscheidungskreises, die Möglichkeit, einfach jemandem pauschal die Schuld zu geben, dass etwas nicht klappt. Okay, die Medien müssen manchmal herhalten, aber sich offen beschweren, macht jede weitere Zusammenarbeit noch schwerer. Also runterschlucken und das Beste daraus machen.

Manchmal fand ich es spannend, die verschiedenen Charaktere bestimmten Filmrollen zuzuordnen, und da gerade Game of Thrones in der Zeit so angesagt war, passten bei mir die dortigen Frauencharaktere so gut zu den verschiedenen Frauenpersönlichkeiten. Ich will das hier nicht weiter ausarbeiten, aber es lohnt sich, Filme nach solchen Mustern durchzuschauen. Auch hier gibt es immer wieder Eva und Maria in verschiedenen Facetten.

Die ehemalige Kanzlerin hat zum Beispiel einen klaren äußeren Auftritt mit der immer fast gleichen Frisur, dem gleichen Outfit (bunter Blazer, dunkle Hose), wenig Schmuck und Schminke ... Das ist wie bei den Männern der Anzug, die Krawatte, die Schnürschuhe (welche aber ja sowieso nicht so viel Varianten und Möglichkeiten haben). Dadurch tritt Ruhe ein, Wiedererkennung und auch Vertrauen sowie Bescheidenheit wird signalisiert.

Andere Frauen im öffentlichen, politischen Leben sind etwas mutiger, aber trotzdem vertrauensvoll und auch seriös-kompetent, so wie Malu Dreyer, Manuela Schwesig und Annalena Baerbock, die ihren eigenen Stil konsequent entwickeln und einen neuen weiblichen Stil von Politikerinnen positiv gestalten! Diese klare Garderobe kann übrigens auch ein Schutz sein und eine klare Grenze symbolisieren, ob jemand jetzt beruflich/öffentlich unterwegs ist oder als Privatperson.

Ich habe in den sechs Jahren erlebt, wie Frauen in Berlin mehr ihre Weiblichkeit in der Garderobe entwickeln. War es am Anfang auch für Frauen selbstverständlich, im Anzug mit Bluse offiziell gekleidet zu sein, womöglich noch mit hohen Schuhen, manchmal ein enger, kniebeckter Rock, wurde die Garderobe immer weicher und praktischer: Kleider und auch weite Hosen wurden immer mehr sichtbar. Flache Schuhe und weiche »Shirtblazer« waren viel angesehener, als klassische Kostüme und Anzüge zu tragen. Frauen haben hier die Möglichkeit, »mütterlich-versorgend-lieb-weiblich« zu sein. Das passt aber nicht zu jeder Persönlichkeit und muss natürlich individuell betrachtet werden. Ich entsinne mich noch, wie ich im Bundesrat mit meinen neuen pinkfarbenen Sneakers (in Brüssel gekauft) zum Redepult ging und wie danach die Reaktionen waren. Zuerst einmal gab es sehr viele, was deutlich macht, dass es zum Nachdenken angeregt hat. Und dann waren sie durchweg positiv – zumindest die, die mich erreicht haben. Es war an der Zeit, sich farblich mutiger und auch entspannter zu kleiden, gerade als öffentliche Person. Farbliche Statements wurden auch immer mehr, gerade in Rot und Grün ...

oder in Europa-Blau. Attraktivität wird oft Arroganz und Zielstrebigkeit assoziiert, wodurch ein Konkurrenzgedanke entstehen kann. Es ist schade, aber es läuft im Unterbewusstsein ab, dass wir nur eine Frau unterstützen, die uns nicht bedroht oder Konkurrenz macht! Frauen, die versuchen, ein sehr männliches äußeres Führungsbild abzugeben, laufen Gefahr, dass sie als zu männlich wahrgenommen werden und dadurch sofort mit einem männlichen Konkurrenten verglichen werden – »Dann wähle ich doch lieber das Original!«

Also alles nicht so einfach, und natürlich wollen Frauen sich noch weniger ein fremdes Image zulegen, um gewählt zu werden, als manche Männer, denen es vielleicht gar nicht so wichtig ist, wie sie wirken. Leider! Dazu eine kleine Anekdote aus Berlin.

Bei einem Mittagessen eines deutschen Automobilunternehmens kam ich mit einer Botschafterin ins Gespräch, die gerade neu aus Asien nach Berlin gewechselt war. Wir unterhielten uns über die Veranstaltungen, die wir in letzter Zeit besucht hatten, und stellten beide fest, wie schwierig es uns fiel, Männer wiederzuerkennen. Sie waren irgendwie alle sehr ähnlich in ihren grauen Anzügen, die dann alle schwarz wurden, mit den Metallbrillen und den kurzen Haaren. Die Botschafterin berichtete, dass ihr, da sie Europäerin war, in Asien besonders die farbenfrohe Garderobe und die kultivierten Männer aufgefallen seien und dass ihr das nun, da sie wieder in Europa tätig war, sehr fehle. Warum muss Politik so grau sein, und warum müssen die Männer sich so uniformiert gleichen? Es fehlt an Kreativität und Mut, auch aufzufallen und ein Statement abzugeben. Wenn nicht ein paar Frauen in diesen Kreisen dabei wären, wäre es ein wirkliches Trauerereignis!

Auch in den Zügen ist dieses Bild zu beobachten. Wenn ich morgens um sechs Uhr ab Bremen mit dem ICE Richtung Hamburg oder Hannover aufbrach und in der Ersten Klasse Platz nahm, war ich, wie auch in den verschiedenen Lounges am Bahnhof oder Flughäfen, die einzige Frau. Daran war und ist für mich erkennbar, wie der Anteil von Frauen und Männern in Führungsbereichen verteilt ist. Und die Männer gleichen sich so sehr in ihrer Sprache, in ihren Anzügen und Schuhen und in ihrem Verhalten. Es ist eine große Masse von grauem Führungspersonal, die sich nach Berlin oder auch von Berlin bewegt.

Eigentlich sollte in einer diversen Gesellschaft auch das Erscheinungsbild divers und mehr Freiheit vorhanden sein. Wenn es äußerlich schon so konform ist, dann ist es doch innerlich genauso, oder? Das Einzige, was sich wirklich verändert hat, ist, dass die Herren nicht mehr so oft Krawatte tragen und manche sich trauen, Sneakers an den Füßen zu haben. Die kommen dann aus der Kreativbranche. Ich bin keine Anhängerin von Krawatten, erst recht nicht mit Tiermustern, die haben ja etwas sehr Kindliches ... Aber nun ist auch der letzte Farbtupfer verschwunden. Dann, liebe Männer, doch bitte mehr farbige Hemden oder Blazer! Schal oder Tuch und schöne Schuhe. Ich trage sehr gern knallige Farben: Pink zum Beispiel, ob als Sneakers, Tasche, Blazer oder auch Hose und Kleid. Einmal sagte ein Herr beim Aussteigen aus dem ICE, flüsternd: »Meine Lieblingsfarbe ist auch Pink!« Mich hat es erfreut, aber leider war er ganz in Grau und Weiß gekleidet, wie jammerschade.

Eine schöne Erinnerung habe ich an ein Barbecue, zu dem Frauen aus verschiedenen Führungskreisen eingeladen worden sind. Für mich war gerade diese Ebene der Business- und Finanzwelt spannend, da ich mich dort überhaupt nicht auskenne, und so freute ich mich sehr über die Einladung. Insgesamt freue ich mich immer über neue Zusammenhänge und »Welten«, in denen ich viel Neues lernen kann. Okay, anfangs fühlt man sich deplatziert, aber in der Regel ist es extrem bereichernd, wenn man aus der eigenen Bubble heraustritt.

Dieses Barbecue für Frauen fand in einer privaten Umgebung leger im Garten statt, und das Besondere war eine Expertin für Humor und Schlagfertigkeit. Zuerst dachte ich, ach nein, bitte, können wir nicht einfach grillen? Aber dann ging es los, und in kürzester Zeit waren wir alle in ausgelassener und fröhlicher Stimmung. Zum einen, weil uns sofort diese ganzen komischen Situationen, die wir mit Männern und Männergesellschaften kannten, gnadenlos vor Augen geführt wurden, und zum anderen, weil wir mit ein paar Tricks diese unangenehmen Situationen ins Komische gebracht haben. Das tut gut, gemeinsam zu erkennen: Ich bin damit nicht allein, und es gibt Möglichkeiten, damit positiv, leicht umzugehen, ohne seine eigene Haltung zu verlieren. Solche Erfahrungen kannst du nur in eigenen Netzwerken erleben, und sie stärken dich unglaublich.

Besonders positiv habe ich dabei erlebt, wie vertrauensvoll, stärkend und unterstützend die Netzwerke sind, wenn schon ein gewisser Erfolg, Anerkennung und Selbstbewusstsein da sind. Es wird hart und ehrlich diskutiert, aber auch gemeinsam gelacht und nicht alles bewertet. Das können diese Frauen alle, aber sie müssen es nicht ständig, und da gibt es eine für mich neue Souveränität. Die allerdings hart erarbeitet wurde und immer wieder schnell infrage gestellt werden kann.

Berliner Frauennetzwerke

Ich habe in Berlin verschiedene Frauennetzwerke kennen- und schätzen gelernt. Bei einem Netzwerktreffen ging es damals um die Frage der Netzwerke und der Frauenquote. In der Diskussion meldete sich eine sehr erfolgreiche Führungsfrau zu Wort und beschrieb die Verbindungen zwischen Frauen als Netzwerk und die der Männer als Seilschaft.

Diese Vergleiche sind mir im Kopf geblieben, und ich habe mit der Zeit festgestellt, wie Recht sie hat. Frauen kennen sehr viele Menschen und sind kommunikativ und offen, neue Menschen kennenzulernen und auch Kontakt zu halten, selten aber mit der Frage verbunden, was mir dieser Kontakt bringt. Wie kann ich ihn für mich nutzen, ob privat oder auch beruflich?

Es geht mehr um die Masse als um die Frage, wozu. Seien es Entspannung, Unterstützung, Information, Zugangsmöglichkeiten, Spaß und Freude, Kritik und Coaching, Macht und Weiterentwicklung ... Nein, wir kennen einfach Menschen aus unseren privaten oder beruflichen Bezügen, aus der Freizeit oder über die Familie. Wir spinnen unsere Netze fleißig, und dann warten wir ab, ob eine Beute hineinfliegt, und wenn nicht, dann haben wir Pech gehabt oder wir streiten uns darum, wer was abbekommt. Das ist sehr passiv und auch sehr anstrengend. Wir müssen nicht alleine etwas erreichen, sondern uns bewusst und strategisch organisieren und uns bitte nicht um die Beute streiten!

Männer organisieren sich dagegen aktiv in Seilschaften, um ein gemeinsames Ziel zu erreichen, ob in der Freizeit, im Sport oder auch im Beruf. Eine Seilschaft hängt zusammen, und auch, wenn nur einer es bis zum Gipfel schafft, weiß er, dass er es ohne die anderen nicht geschafft hätte. Wenn einer abstürzt, stürzen alle ab, aber wenn einer oben ist, schaffen es die anderen auch. Ähnlich ist es beim Radsport mit dem Windschatten als Team: Wir fahren zusammen und unterstützen eventuell auch nur einen, Sieger zu werden, aber wir gewinnen als Team alle zusammen. Ich glaube, davon können Frauen noch viel lernen.

Nun noch abschließend zur Quote und zum Paritätsgesetz: Dies sind notwendige Instrumente, um die natürlichen Möglichkeiten für Frauen zu verstärken. Ich finde sie auch nicht toll, aber es scheint ohne solche Instrumente nicht zu gehen, da Frauen sonst nicht gesehen, überhaupt nicht gefragt und die Posten unter den Männern selbstverständlich aufgeteilt werden. Hans und Hänschen statt Liese. Die Quote ist eine Chance – mehr nicht! Wenn du die Chance nicht ergreifst und dich nicht beweist, bist du sie schnell wieder los. Es wird ganz genau geschaut, von Männern und auch Frauen, ob eine Frau, die in einer hervorgehobenen Position antritt, sie auch wirklich ausfüllt. Obwohl oder gerade weil es vorher schon Frauen auf diesem Posten gab.

Auch das habe ich bei der Ernennung zur Staatsrätin/Bevollmächtigten selbst gespürt: Es gab Frauen, die glaubten, sie wären besser geeignet, waren distanziert zu mir und fragten sich, warum ich die Chance bekommen habe und sie nicht. Und unter den Kollegen war von Anfang an spürbar, dass ich zeigen sollte, ob ich auch in der Lage war, diese Aufgabe zu meistern. Das ist der Preis ... kein Jubel, sondern Distanz.

Distanz und wenig Unterstützung war gerade von den Männern wahrzunehmen. Natürlich waren alle mit gleichen Herausforderungen beschäftigt, aber die »Jungs« standen sich näher und scherzten durchaus auch auf den Fluren des Bremer Rathauses.

Nun kann man sich selbst immer die Schuld geben, aber ich habe sehr fein beobachtet, dass Frauen auch in politischer Verantwortung sehr schnell kritisiert wurden, und zwar nicht offen, sondern versteckt, und in Schubladen gepackt wurden, wo es einen gemeinsamen Konsens über ihr Verhalten gab. Männer entschuldigen sich für Fehler gegenseitig und wissen auch, dass es ihnen selbst so ergeht, wenn sie mal etwas falsch gemacht haben.

Schluss mit dem Geschlechterkampf

Wie kommen wir dazu, das eigentlich Selbstverständliche zu erreichen? Wie schaffen wir es, dass das Geschlecht keine negative Rolle mehr spielt ... Kopfgrenzen einfach abschaffen – durch Gesetze?

Wir hatten bis vor Kurzem eine Kanzlerin, die mit ihrer menschlichen Art für viele, auch über die Parteigrenzen hinaus, ein großes Vorbild war. Dass ihr einige vorwerfen, nicht zu streiten und Dinge auszusitzen, ist als Frau ihr Erfolgsgeheimnis. Wenn wir laut werden und uns streiten wollen, haben wir verloren. Wenn wir emanzipiert und fordernd sind, auch! Zu viel Eva und zu wenig Maria ist für Frauen in Führungspositionen schwierig. Bis dahin, bis zur Führung, ist mehr Eva manchmal hilfreich! Wir haben viele spannende und vorbildliche Frauen, ob Jung oder Alt, ob international oder regional. Doch kaum werden sie berühmt oder zum Vorbild, werden sie auch gnadenlos kritisiert und öffentlich geschwächt. Wie gelingt es, an der Macht zu bleiben oder einfach seine Aufgabe erfolgreich zu Ende zu bringen?

Meine Thesen sind nicht empirisch und wahrscheinlich auch provokant. Vieles kommt von Beobachtungen der letzten Jahre in Berlin und Brüssel im politischen Machtzentrum und durch Gespräche mit vielen Frauen, aber auch mit spannenden Männern sowie aus eigenen Erfahrungen:

- Frauen sind nur so stark, wie ihr Netzwerk es will.
- Frauen bilden keine systematischen Seilschaften, sondern sind zu allen freundlich.
- Frauen müssen sich stärker ungefragt unterstützen und nicht immer das Haar in der Suppe suchen und finden – mehr Eigenliebe und mehr Frauenliebe sind wichtig.
- Frauen neigen dazu, wenn sie Macht haben, »männlich« zu werden und sich nicht auf ihre einzigartige Weiblichkeit zu verlassen.
- Frauen stecken in dem Dilemma, erst mehr Eva und dann mehr Maria sein zu müssen.
- Frauen müssen unaufgeregt, klar und aufrecht sein.
- Zu seinen Fehlern und Schwächen zu stehen, ist eine Stärke und auch Macht!

In der Serie »Bad Banks« sagt die alte, machtvolle und geniale Bankerin (gespielt von einem meiner großen Filmlieblinge: Désirée Nosbusch) zu einer aufstrebenden und ehrgeizigen Bankerin: »Du wirst nur so weit kommen, wie dein Netzwerk es will.«

Da stellt sich doch sofort die Frage: Welches Netzwerk? Habe ich ein Netzwerk? Kümmere ich mich bewusst um Kontakte und Verbindungen?

Häufig reagieren Frauen darauf ablehnend, da sie nicht manipulieren, sondern aus ihrer eigenen Kraft und Arbeit heraus ihre Anerkennung bekommen wollen. Da sind Frauen häufig die »besseren Menschen«, aber dadurch auch nicht so machtvoll. Es gehört dazu, gerade wenn ich Unabhängigkeit und Anerkennung haben will, meine Kontakte und Informationen zu pflegen und wichtig zu nehmen.

Wir bewegen uns nicht losgelöst, und unsere Unabhängigkeit hängt viel mehr von unseren wichtigen Kontakten und Informationen ab als nur von unserer fleißigen »Zuarbeit«. Ich fand diese Aussage in der Serie auch persönlich überraschend, und sie hat mich zum Nachdenken angeregt. Okay, ich kenne viele Leute, aber wer ist mein Netzwerk? Meine Freundinnen, meine Arbeitskolleginnen, Menschen in den Sozialen Medien, von denen ich beruflich eine Postkarte bekommen habe, oder Frauen, die ich aus verschiedenen Klubs und Vereinen kenne? Oder

Frauen aus meinem Stadtteil, den Kindergruppen und Schulvereinen? Ich glaube, jede Frau kennt viele Personen, aber wir pflegen diese Kontakte meistens nur für private Bedürfnisse.

In der immer stärker individualisierten Gesellschaft ist zum einen der Wunsch nach realen Kontakten und Beziehungen immer größer, auf der anderen Seite sind die medialen und digitalen Kontakte viel einfacher und weniger anstrengend. Wir müssen uns nicht so stark einbringen, wir gehören einfach dazu, und die Gefahr der Kritik und wirklichen Auseinandersetzung ist geringer.

Jungen Frauen wird schon früh eine Reduzierung der Kontakte vermittelt. Das beginnt mit der Suche nach der besten Freundin – und wehe, wenn sie dann einen Fehler macht, dann ist es vorbei ... Enttäuschung und sofortiges Aus! Warum nicht mit vielen spielen? Jungs bilden Banden – wir versuchen, die eine Wahre für alles zu finden. Erfreulich sind Vorbilder wie die Figuren in Cornelia Funkes »Die wilden Hühner«: Da halten mehrere Mädels mit unterschiedlichem Lebenshintergrund zusammen und kümmern sich gemeinsam um die »Hühner« und die »Jungs«.

Als ich Mitte der 1980er-Jahre studierte, war das »Netzwerken unter Frauen«, ob für Professorinnen oder Studentinnen, gerade sehr angesagt.

Wir bildeten Frauengruppen im Asta und diskutierten sogar über eine Frauen-Uni und eigene Räume nur für Frauen. Das brachte viel Energie mit sich, aber als Emanzen waren wir auch sehr negativ und freudlos unterwegs. Männer hatten Angst oder machten sich lustig. Es gab nie ein entspanntes, ernsthaftes und konstruktives gemeinsames Umgehen mit diesen Fragen. Es war immer anstrengend, rechtfertigend und humorlos.

Warum ist es so anstrengend, und erreichen wir etwas, wenn wir positiv und humorvoll-entspannt mit den Veränderungswünschen umgehen?

Sicherlich, es geht nicht um irgendetwas, sondern um die eigene Persönlichkeit und die Entwicklungschancen in der Gesellschaft und immer wieder um das Infragestellen von arroganten und/oder dummen Männern, die uns ständig belehren wollen, fast so, als müssten wir es mitschreiben.

Es ist traurig, dass die Geschlechterfrage nach wie vor nicht als große gemeinsame Chance gesehen wird und dass offenbar viele Männer nicht mit gleichgestellten oder sogar besser gestellten Frauen umgehen können.

Entweder, sie nehmen dich nicht ernst oder überhaupt wahr, oder sie versuchen, dich kleinzuhalten.

In der männlichen »Hackordnung« besteht kaum Platz für Frauen! Im Team »Mann« oder in der eigenen Seilschaft zum Erfolg spielen nur Männer eine Rolle – so scheint bislang für viele Männer das eingeengte Bild auf die Gesellschaft zu sein!

Es gibt mit den Jahren vielleicht mehr Ausnahmen von fortschrittlichen Männern, die entweder bewusst Frauen mit einbeziehen oder gar nicht geschlechtlich denken, aber es sind wirklich noch Ausnahmen. Ich setze da sehr auf die zukünftigen Generationen von Frauen und Männern, die vielleicht entspannter mit dem Thema Geschlecht umgehen und sich wirklich neu und freier begegnen.

Ich habe die Zusammenarbeit mit männlichen Kollegen häufig als entspannter erlebt, wenn ich die einzige Frau in dem Kreis war, so auch als damalige Frauenbeauftragte im Führungskreis im Rathaus. Wahrscheinlich haben sie mich gar nicht ernst genommen und es einfach »ertragen«, dass eine Frau dabei war, und es so hingenommen. Meine Erfahrung ist, dass Frauen, wenn sie nicht allein in Entscheidungsgremien sind, sich viel stärker verbinden sollten: sich aufeinander beziehen – auch namentlich – in Redebeiträgen; sich mehr unterstützen bei Kontroversen und sich wirklich auch mehr vorher vorbereiten und genau wissen, wann es für eine schwierig wird, um sie dann aktiv positiv zu tragen – so wie es übrigens männliche Kollegen sehr häufig selbstverständlich untereinander tun.

Nicht allein alles schaffen müssen – Verbindungen und Klubs

»Wenn ich eine Aufgabe bekomme, versuche ich bis heute, sie gut und schnell umzusetzen. Ich versuche, alles dafür zu tun, um es hinzubekommen, und nehme selten Hilfe dafür in Anspruch. Hilfe anzunehmen, könnte eine Schwäche sein! Wenn es nicht gelingt, dann gebe ich mir zuerst selbst die Schuld und versuche so lange wie möglich, es doch noch zu schaffen. Dabei verfolgt mich häufig die Angst, dass jemand merkt, dass ich es sowieso nicht kann, und endlich klar wird, dass ich unfähig bin.«

Ich glaube, viele Frauen kennen diese Gedanken. Wenn es sich dabei um den Aufbau eines Möbelstücks handelt, ist das nicht so ein Problem. Dann wird man irgendwann dazu kommen, mit jemandem darüber zu sprechen oder um Hilfe zu bitten. Aus dieser Erfahrung heraus ist der Schritt nicht weit, beim nächsten Mal gleich jemand anderen darum zu bitten, das gute Stück aufzubauen. Wenn es um größere Projekte geht, braucht man mehr Personen. Wenn es bei der Arbeit um einen Auftrag geht, den der Chef einem gibt, kann man daran verzweifeln.

Wenn ich dann nicht über ein Team verfüge, das sofort mitmacht, wird es eine schwierige oder »teure« Angelegenheit. Wenn ich für eine Klausur lernen muss und den Stoff einfach nicht reinbekomme, brauche ich vielleicht eine Lerngruppe, die die Themen mit mir durchspricht und wo ich alle Fragen stellen kann und Antworten bekomme. Traurig, wenn ich es nie gelernt habe!

Es kann aber auch der Anfang eines neuen Denkens werden. Du hilfst mir, und ich helfe dir.

Wen frage ich, und wer hilft mir?

Wo stehe ich? Am Anfang meines Erwachsenenseins, mittendrin, oder bin ich in der Führung und will dort bleiben, oder ist mein berufliches Leben schon beendet und ich verfüge über Zeit und viel Erfahrungen und Ruhe?

Wir brauchen nicht nur punktuell helfende Verbindungen, sondern am besten auch quer durch die Phasen und durch viele gesellschaftliche Gruppen!

Es gibt in Deutschland viele alte Netzwerke und Verbindungen, die gerade aus einer männlichen Idee des Zusammenhalts bestehen.

Eigentlich kannte ich das eher aus dem Fernsehen: Die alten Männerklubs, wo in getäfelten Räumen bei Whisky und Zigarre Geschäfte gemacht wurden. Aber diese Tradition lebt in Deutschland! Die Klubs sind elitär, da meistens der Zugang nur über Empfehlungen und/oder Geld möglich ist. Die Öffnung für Frauen ist nach wie vor etwas nicht Selbstverständliches, und ich habe mich sehr lange gegen diese Gruppen ausgesprochen.

Als Sozialdemokratin und Sozialarbeiterin fühle ich mich natürlich da überhaupt nicht sicher, unwohl und habe viele Vorurteile: diese konservativen Pfeffersäcke, die nur an ihre Interessen denken und aus allem einen Vorteil ziehen wollen. Ich fand die Frage, ob es notwendig ist, in solchen Verbindungen beziehungsweise Klubs Mitglied zu sein, nicht wirklich relevant. Ehrlich gesagt, fand ich die Frage, ob beim angeblich wichtigsten »Brudermahl« in Bremen, nämlich dem Schaffermahl, Frauen zugelassen werden sollten, für mich nicht sehr relevant. Im Gegenteil: Ich dachte, es wäre dann doch wesentlich konsequenter, solche elitären und alten Traditionen ganz abzuschaffen! So ging es mir mit der Forderung »Frauen in die Bundeswehr« und mit der Überlegung, ob wir nicht die Bundeswehr grundsätzlich reduzieren oder abschaffen sollten, als noch zu vergrößern. Jedenfalls war dies damals meine Haltung. Aus heutiger Sicht fast absurd!

Meine Erfahrungen an solchen sehr langen Abenden in der oberen Rathaushalle und auch an anderen Orten in Berlin und Bremen ist, dass das Dazugehören doch sehr wertvoll ist. Es sind Kontakte, die du nutzen kannst, und du bist sichtbar! Nicht als Anhang oder Ehefrau, schweigend und hübsch – sondern als Gesprächspartnerin und Kontakt für zukünftige Möglichkeiten und für eine Zusammenarbeit. Ich weiß, das hört sich etwas bösartig an, aber genauso sind meine Erfahrungen. Es ist notwendig, als eigenständige Person an diesen Veranstaltungen teilzunehmen, um sichtbar, kompetent und auch eigenständig wahrgenommen zu werden – das verändert das Klima!

Nutze deine Möglichkeiten in der Funktion, die du gerade innehast. Nicht die Funktion ist entscheidend, sondern das, was du daraus machst. Jede Rolle und Funktion, die du gerade hast, solltest du ernst nehmen und das Beste daraus machen. Stöhne nicht, dass du nicht wichtig genug bist – jede ist wichtig und sollte immer aus allem das Beste machen!

Nun wurde ich selbst von zwei Frauen für einen Klub gewonnen und habe mit Interesse und

Neugier das Angebot angenommen, um zu sehen, wie so ein Klub funktioniert. Ja, es sind sehr viele ältere Männer, die sich regelmäßig zum Mittagessen treffen, um sich auszutauschen, aber auch, um sich gemeinsam mit Vorträgen zu bilden und aktuelle Themen zu erörtern. Es sind in der Regel eher konservative Kreise, die sehr gern unter sich bleiben. Trotzdem scheint es mir wichtig zu sein, auch diese Verbindungen aktiv mit zu verändern. Neue Sichtweisen und Betrachtungen mit einzubringen und gerade Frauen in diesen Netzwerken zu unterstützen. Sie werden alle gebraucht: eigene vertraute Verbindungen, Berufsverbände und Parteien, Netzwerke, die eine neue, andere Betrachtung möglich machen und die auch offen sind für neue Sichtweisen. Rotary, Lions und die alten Klubs, Berufsverbände und Parteien, Stiftungen und Verbindungen, Sport und Freizeitgruppen ...

Wo gehöre ich hin? Überall!

(Politische) Karriere mit Kindern!

Meine aktive eigene parteipolitische Arbeit habe ich begonnen, als ich mit meiner ersten Tochter schwanger war. Ich hatte zuvor häufig Frauen ermutigt, sich politisch einzumischen, damit ihre Lebenswelt auch bei den Entscheidungen mit bedacht wird. Gerade als Frauenbeauftragte war das meine Aufgabe, und ich wusste, dass es gut ist, diese Aufgabe zu übernehmen, gerade wenn man weiß, dass man in der Stadt oder dem Stadtteil länger leben wird.

Als klar war, dass ich selbst für einige Zeit nicht berufstätig sein wollte, da meine Tochter geboren wird und ich nicht weiter Jura studieren wollte, habe ich mich in meiner »Erziehungszeit« dafür entschieden, nun in meinem Stadtteil ehrenamtlich politisch im sogenannten Beirat aktiv zu werden. Das war eine bewusste Entscheidung. 1998 bin ich – mit 34 Jahren – in die SPD eingetreten und habe mich gleich für den Beirat Stadtteil Mitte zur Wahl gestellt. 1999 wurde ich gewählt und meine Tochter geboren. Zu dem Zeitpunkt hat die SPD in diesem Stadtteil die Mehrheit bekommen, und es begann eine Auseinandersetzung zwischen zwei männlichen, sehr erfahrenen Genossen, wer denn nun der sogenannte Beiratssprecher werden sollte. Sie gönnten es einander nicht und konnten keine Seilschaft für sich entwickeln. Das führte dazu, dass ich gefragt wurde, ob ich Beiratssprecherin werden wollte, als ganz Neue und auch noch Schwangere.

Ich habe nicht einen Moment gezweifelt und Ja gesagt. Wenn nicht jetzt, wann dann? Frau muss ganz klar und einfach Ja sagen, ohne Bedingungen und Zweifel, sonst ist diese Chance schon wieder vorbei! Ich wurde Beiratssprecherin und bekam eine wunderbare Tochter, die unbeschwert in mancher Amtsstube auf dem Teppich oder der Decke lag und mich dabei beobachten konnte, wie ich nachfragte und versuchte, Dinge der Stadtplanung, Wirtschaftsansiedlung, Straßenplanung und Mobilität zu verstehen und Anmerkungen zu geben.

Da es sich dabei um eine Ehrenamtstätigkeit gehandelt hat, war ich frei und konnte entscheiden, was für mich wichtig und spannend war und was nicht. Es ist für jeden und jede eine gute Möglichkeit, um ein politisches Gespür zu erlangen und hineinzuwachsen. Mir machte es viel Spaß, und ich freute mich neben der schönen Zeit mit meinem

Kind über die abwechslungsreichen Aufgaben und auch die abendlichen Termine außer Haus.

Aus dieser Ehrenamtlichkeit wurde eine Hauptamtlichkeit als Abgeordnete in der bremischen Bürgerschaft. Ich hatte nie geplant, hauptamtlich Politik zu machen, aber es machte mir wirklich immer mehr Spaß, auch, da meine Tochter immer größer wurde und sich in Kindergruppen und Schulen des Stadtteils und der Stadt viele neue Themen eröffneten.

Als meine zweite Tochter neun Jahre alt wurde, war ich fast sieben Jahre hauptamtliche Politikerin, war Ortsvereinsvorsitzende, Mitglied im Unterbezirksvorstand, Delegierte in Landesparteitagen und nahm auch teil an einer zweijährigen Führungskräfteschulung der SPD, studierte Rechtswissenschaften und schloss mit dem Ersten Staatsexamen irgendwie ab und machte noch eine berufsbegleitende Mediationsausbildung. Das hätte ich ohne die Unterstützung meiner Mutter und Schwiegermutter nie geschafft!

Es war aber mein eigener Motor, der mich antrieb und mein Wunsch, zu lernen und neugierig und wissbegierig zu sein. Ich konnte lieber auf Geld für mich verzichten und es stattdessen für Kinderbetreuung und Au-pair ausgeben. Womöglich deshalb, weil Kinder sehr flexibel sind und ein hohes Verständnis haben, wenn man gut mit ihnen umgeht. Unterschwellige Frustrationen und Belastungen nehmen Kinder sehr schnell wahr und können sie nicht einordnen. Und mein damaliger Partner und ich waren uns in dem Punkt immer sehr einig. Ich wäre unglücklich geworden, wenn ich »nur« zu Hause geblieben wäre. Und trotzdem sind meine Töchter das Wichtigste in meinem Leben! Aber es ist auch klar, dass nicht jede Frau so empfindet wie ich. Allerdings hat jede Frau das Recht, auf ihrem Weg unterstützt und nicht kleingehalten zu werden.

Als meine zweite Tochter neun Jahre alt wurde, wurde ich gefragt, ob ich in die Landesregierung als Bevollmächtigte der Freien Hansestadt Bremen gehen möchte. Es war eine unsortierte Situation mit Hektik. Ich hatte an dem Tag gerade meiner Mutter beim Umzug aus dem Elternhaus in eine kleine Wohnung geholfen und war auf dem Weg zum ersten Klarinettenkonzert meiner jüngsten Tochter.

Was für ein Ereignis – das Konzert und dann die Frage, ob ich eine neue berufliche Seite aufschlagen wollte! Diese Seite sollte nicht nur in Bremen stattfinden, sondern auch als offizielle Vertreterin der Landesregierung in Berlin und Brüssel. Was für eine große Aufgabe und Chance!

Mir wurde schnell klar, dass so eine Anfrage nicht noch einmal kommt, und ich besprach diese Entscheidung nicht nur mit meinem Mann, sondern auch mit den beiden Töchtern.

Sie waren nicht begeistert, aber spürten meine Begeisterung. Meine Große, die damals 13 Jahre alt war, sagte zu mir: »Mama, du musst das tun, sonst wirst du nur unglücklich.« Und meine Jüngere sagte: »Ich finde das doof, wenn du immer weg bist, aber wenn du das machst, musst du mich einmal in der Woche von der Schule abholen und mit mir in einem Restaurant essen gehen, und das will ich schriftlich haben!« Das habe ich ihr versprochen und auch eingehalten. Ich habe zugesagt und dabei klargemacht, dass ich bestimmte flexible Möglichkeiten brauche, damit es meinen Kindern gutgeht. Und das hat auch geklappt!

Jeden Dienstag nach der Senatssitzung habe ich meine Tochter von der Schule abgeholt, und wir haben nicht zu Hause Mittag gegessen. Es war eine andere Gesprächsebene, und mir war es so wichtig, dass wir die »bewusste« Zeit miteinander hatten. Auch als sie sagte, dass ich sie heute nicht abholen müsse, da sie sich gern mit einer Freundin nach der Schule verabreden wolle, habe ich protestiert und gesagt, dass wir verabredet sind und das auch machen! Wir haben keinen Dienstag ausgelassen, und ich glaube, ohne diese gute Regelung hätte ich die sechseinhalb Jahre nicht geschafft.

Mir ging es in Berlin abends häufig sehr schlecht, da ich Heimweh hatte. Aber ich spürte bei aller Traurigkeit auch, wie gut unser Verhältnis war und wie viel ich von meinen Töchtern mitbekommen habe, auch wenn ich nicht immer zu Hause war. Ohne Handy wäre das natürlich nicht möglich gewesen. Jederzeit anrufen, egal, wo man ist, ob in Berlin oder Brüssel, und wissen, dass ich rangehe und es wichtig ist, wenn die Tochter anruft. Das muss im Team und bei der Arbeit klar sein und ist ein wichtiger, menschlicher Punkt!

Es ist privilegiert, sich neben der normalen Kinderbetreuung auch ein Au-pair leisten zu können. Da ich aber selbst als Au-pair in Paris war, wusste ich, welche Chance es für junge Menschen sein kann, in einem anderen Land zu leben. Manchmal war ich fast eifersüchtig, wenn ich merkte, dass meine Kinder mehr Verbindung zu unserem Au-pair hatten als zu mir. Aber ich wusste, dass es für sie gut ist, auch noch eine jüngere Generation mit im Haus zu haben. Und ohne die Au-pairs, die wir in den Jahren mit im Haus hatten, wäre es nicht möglich gewesen, obwohl ich fast alle Abendtermine in Bremen absagte, die nicht außerordentlich dringend waren. Dazu braucht man Mut zur Lücke und spürt schnell, wie durch eine freie Zeiteinteilung auch mehr Möglichkeiten der Vernetzung und der Verbindungen entstehen. Durch das Absagen konnte ich jedenfalls abends entspannt zu Hause sein. Das hat natürlich auf Dauer meiner Präsenz und »Macht« gerade in der Partei vor Ort sehr geschadet. Ich war nicht so sichtbar, aber ich wollte ja auch keine weiteren Posten in der Politik haben. So ein Engagement, dass du noch etwas »Höheres« anstrebst, dass du hungrig bleibst, ist allerdings zur Stabilität und »Machtabsicherung« in einer Partei (ich glaube in der Wirtschaft auch) sehr wichtig. Wenn du müde wirst, spüren das die Leute. Wenn du zufrieden bist mit dem, was du hast, hast du nicht so viel Energie und bist nicht mehr so aktiv.

Gerade Männer scheinen in der Regel nicht so sehr ein Bedürfnis – beziehungsweise überhaupt die Möglichkeit – zu haben, Zeit mit ihren Kindern zu verbringen. Das wundert mich sehr. Ich merkte immer stärker in den Jahren, wie wichtig Vorbilder für unsere Kinder sind. Wie verhalten sich Väter und Mütter im Umgang mit ihren Kindern? Wie verlässlich und empathisch sind sie? Haben sie wirklich ein Interesse an ihrem Leben oder sind sie gestresst und überfordert?

Ich stelle die These auf, dass es nicht nur davon abhängt, wieviel Zeit man miteinander verbringt, sondern auch, was man mit der Zeit macht. Und wenn die Zeit sehr begrenzt ist, ist sie viel kostbarer und wichtiger, als wenn sie »endlos« erscheint.

Vielleicht ist die jetzige Elterngeneration auch schon anders, ich hoffe es sehr. Für mich sind Väter, die bewusst Zeit mit ihren Kindern verbringen, konsequent nicht an jedem Event und jeder Veranstaltung teilnehmen und bei denen auch das Handy mal klingelt, da das Kind eine Frage hat, immer extrem sympathisch und sehr vorbildlich. Unsere Kinder gehören doch zu unserem ganzen Leben und sollten deshalb immer den Vorrang haben.

Aus dem Maschinenraum – Landesvertretung in Berlin

Was ist der Job einer Bevollmächtigten?

Zuständig für Saus und Braus, wie angeblich in der alten Bonner Zeit, oder wichtige Krisenmanagerin: zwischen Ständigem Beirat, Sommerfesten und Vermittlungsausschuss – wie funktioniert der Föderalismus wirklich?

Die Länder sind wie ein Hafen: Schlepper, Dampfer, Luxusjacht und Containerschiff. Jeder hat seine Eigenart und seine Schwierigkeiten. Klar, wenn man ein Containerschiff ist, ist man groß und schafft viel hin und her, aber die Wendigkeit ist nicht so klasse, und manchmal braucht man einen Lotsen oder Schlepper, um in den Hafen zu kommen. Segelboote dagegen sind umweltfreundlich, aber klein und auch kippelig. Sie sind eher zum Vergnügen da als für die großen Transporte von Waren. Jede Schiffsart hat ihre Besonderheit, manchmal helfen sie sich gegenseitig, und natürlich gibt es Regeln, wer wann Vorfahrt hat.

Ähnlich verhält es sich mit den Ländern. Es gibt große Länder, die eine große finanzielle Stärke haben; es gibt Stadtstaaten, die wirtschaftlich stark aufgestellt sind, aber mit ihren Nachbarländern gut kooperieren müssen, da sie nicht über genügend Fläche verfügen oder bestimmte Regelungen über eine Landesgrenze hinausgehen. Es gibt die südlichen Länder, wie Bayern und Baden-Württemberg, die regionale Fragen verbinden, Länder mit Weinanbaugebieten, wie Sachsen, Rheinland-Pfalz und Hessen, die sich besonders für Weingesetze engagieren. Es gibt die Nordstaaten, die am Meer liegen und gerade, was Schiffbau, Hafenpolitik oder auch Windkraft auf dem Meer betrifft, ein Interesse haben. Und es gibt die Länder im Osten Deutschlands, die eine gemeinsame Geschichte haben und dadurch immer miteinander verbunden sind – es gibt viele Kooperationen und auch wechselnde Allianzen. Dazu kommen noch die Parteienfamilien, die sogenannten A- und B-Länder. A steht für die SPD, und B steht für die CDU; C-Länder gibt es nicht, sondern nur einen Linken-Ministerpräsidenten Ramelow in Thüringen und einen Grünen-Ministerpräsidenten Kretschmann in Baden-Württemberg. Diese Verbindungen spielen eine große Rolle in der Meinungsfindung und natürlich auch die verschiedenen Koalitionen in den einzelnen Landesregierungen.

Im Dezember 2012, als ich anfing, dachte ich: Es ist ganz einfach mit dem Abstimmen im Bundesrat; Bremen hat eine rot-grüne Landesregierung, Nordrhein-Westfalen hatte zu dem Zeitpunkt auch eine rot-grüne Landesregierung. Also orientiere ich mich doch an Nordrhein-Westfalen! So einfach ist es aber nicht. Ich wurde sofort nach meiner Ernennung am nächsten Tag in den Bundesrat geschickt und sollte für Bremen die Hand heben und abstimmen. Ohne die sehr erfahrene Abteilungsleiterin in der Landesvertretung hätte ich nix verstanden und wäre gnadenlos untergegangen. Es gab ein ausgeklügeltes Abstimmungsheft, wo genau der Weg der Entscheidung für oder gegen oder sogar Enthaltung für einen Tagesordnungspunkt vermerkt war. Und trotzdem gab es die politisch sehr brisanten Themen, die bis zum Abstimmungstag noch offen waren und wo dann die Ministerpräsident:innen das letzte Wort hatten.

Der Bundesrat trifft sich zum Plenum immer am Freitag, ungefähr zwölfmal im Jahr. Bevor das offizielle Plenum um 9.30 Uhr mit den Ministerpräsident:innen und den Vertreter:innen der Bundesregierung und allen anderen beginnt, treffen sich besonders die Bevollmächtigten, wie Unterhändler:innen, auf dem Parkett. Es hat etwas von einem Basar ... Alle wollen noch mal hören, wie die einzelnen Länder nun zu dem Tagesordnungspunkt standen, manchmal wurden in letzter Minute Protokollerklärungen formuliert, ob von einem einzelnen oder mehreren Ländern oder von Seiten der Bundesregierung, um eine Mehrheit im Plenum zu erreichen. Denn nichts ist fürchterlicher als eine Initiative, ob nun ein Gesetz oder ein Antrag oder eine Verordnung, über die lange beraten und intensiv diskutiert wird und die dann im Plenum keine Mehrheit bekommt. Das ist frustrierend!

Am Abend vor dem monatlichen Plenum fand in Berlin immer der sogenannte »Kamin« statt. Ich schreibe »fand«, da seit der Covid-19-Pandemie digitale Kamine mittlerweile häufiger geworden sind als Treffen in Präsenz. Der Kamin heißt nicht Kamin, weil in dem Sitzungsraum ein Kamin ist, sondern weil in diesen Runden mal etwas entspannter über die aktuellen Themen gesprochen werden soll und eigentlich auch nur unter den Spitzen, also ohne Tagesordnung, Protokoll und Verwaltung/Mitarbeitendenstab. Diese Kamingespräche gibt es auch bei jeder Fachminister:innenkonferenz und bei den Ministerpräsident:innenkonferenzen, so auch in einem etwas anderen Format am Abend vor dem Bundesrat. Hier treffen sich die Ministerpräsident:innen der A- beziehungsweise B-Länder mit den Parteivorsitzenden und den Regierungsmitgliedern der

Bundesregierung sowie dem Fraktionsvorsitz des Bundestages.

Es gibt auch einen Kamin der Grünen, da sie ja in vielen Ländern mitregieren. An diesen Kaminabenden ist durchaus festgelegt, worüber gesprochen wird, so immer über die noch offenen Tagesordnungspunkte im kommenden Bundesrat, aber dann ist noch genügend Zeit für viele andere Themen der Bundespolitik, der Parteiarbeit und auch Länder.

Zu diesem Kamin gehört ein enger, vertrauter Kreis, zum Beispiel Vertretungen für die Ministerpräsident:innen, deren Bevollmächtigte und die, die Koordinierungsaufgaben innehaben. So habe ich in den sechs Jahren häufig an den Sitzungen in Vertretung für den Bremer Bürgermeister oder als A-Koordinatorin teilgenommen. Es waren spannende Runden zu vielen schwierigen Themen. Es wurde engagiert und auch manchmal hart miteinander diskutiert – es ging häufig um die Spannungen zwischen Bundesinteressen des Bundestages und der Bundesregierung und den Länderinteressen, besonders bei Finanzen. So wurden die Sitzungen häufig sehr lang.

Ich habe diesen Kreis der Partei, Bundestagsfraktion, Bundesregierung und der Länderregierungen immer als etwas sehr Wertvolles in einer föderalen Demokratie empfunden. Es bleibt häufig wenig Zeit, Themen, Fragen und auch Probleme untereinander zu beraten – hier war dafür Platz, auch zu verstehen, wie es dem anderen »Organ« in der demokratischen Struktur geht und was dessen Anliegen ist.

Eine persönlich besondere Geschichte in diesen sechs Jahren begann ziemlich harmlos in einer ganz normalen Bundesratswoche in Berlin. Am Vorabend des Bundesrats, also am Donnerstagabend, treffen sich immer alle sogenannten »Parteienfamilien« zur gemeinsamen Beratung in Berlin. Die Grünen trafen sich in der Baden-Württembergischen Landesvertretung beim Ministerpräsidenten Kretschmann, die CDU im Bundeskanzleramt bei der Kanzlerin und die SPD zu der damaligen Zeit im Keller der rheinland-pfälzischen Landesvertretung bei Ministerpräsidentin Dreyer.

Nun gut, es war dieser Donnerstagabend, und hier war nie klar, wie lange der »Kamin« ging. Ich war in der Funktion der Koordinierung der A-Länder im Bundesrat auch dabei, und für uns war es natürlich besonders wichtig, wie die Entscheidungen und Diskussionen in Bezug auf den Bundesrat verliefen. An diesem Abend waren die Beratungen intensiv, und es war schon etwas später, als ich merkte, dass ich angerufen wurde. Nicht nur einmal, sondern mehrfach. Es ist nicht üblich, in dieser Runde an sein Handy zu gehen, und so versuchte ich, den Anruf zu ignorieren. Als ich aber merkte, dass es nicht aufhörte, ging ich raus und ran ans Telefon und spürte sofort, dass Alarm auf der anderen Seite der Leitung war. Es war ein guter Freund aus Berlin, der sich besonders in der jüdischen Gemeinde engagierte. Ich wusste, dass am nächsten Tag eine neue Thora in der Gemeinde eingeweiht werden sollte und diese von einem Rabbi direkt aus Israel nach Berlin gebracht wurde. Dieser Bekannte war vollkommen aufgeregt und erzählte atemlos, dass der Rabbi mit der Thora vom Zoll am Flughafen Schönefeld festgehalten wurde und nicht einreisen durfte. Doch was konnte ich tun? Ich war weder für Berlin noch für den Zoll zuständig. Schnell fiel mir aber der mögliche »Skandal« ein, der eintreten würde, wenn eine Thora am Flughafen beschlagnahmt werden sollte, samt Rabbi, der nicht vorhatte, die heilige Thora aus seinen Händen zu geben. Ich versprach nichts, aber sprach mit zwei Personen aus dem Kreis des Kamins: mit Swasan Chebli, der damaligen Bevollmächtigten Berlins, um sie zu sensibilisieren, was gerade am Berliner Flughafen los war, und mit meinem ehemaligen Hamburger Kollegen und damaligem Staatssekretär im Bundesfinanzministerium, Wolfgang Schmidt, da ja das Bundesfinanzministerium auch für den Zoll zuständig ist. Er verstand blitzschnell, was zu tun war, und informierte die bemitleidenswerte zuständige Abteilungsleiterin für den Zoll zu dieser späten Stunde. Es dauerte die ganze Nacht, bis geklärt wurde, was los war und wie man eine Lösung finden konnte. Die Hauptfrage dabei war, ob eine eingeführte Thora, die ja einen hohen Wert hat, verzollt werden muss oder nicht, und ob ein Straftatbestand vorlag. Der Rabbi war gut sichtbar mit der Thora im Arm durch den Zoll gegangen – ohne sie vorher anzugeben. So musste die Frage geklärt werden, ob es sich bei einer Thora um ein religiöses oder kulturelles Gut handelt, das verzollt werden muss oder nicht! Alle waren erleichtert, als die Thora und der Rabbi endgültig in Berlin einreisen konnten und die sicherlich rechtlich nicht ganz einfachen Fragen geklärt waren. Am nächsten Tag, dem Bundesrats-Freitag und Schabbat, konnte die Thora feierlich in der Synagoge eingeweiht werden, und ich hatte meinen Titel als »Hüterin der Thora« erhalten. Zur großen Freude wurde ich später vom Berliner Rabbi Teichelmann zum Schabbat bei sich zu Hause zum Essen eingeladen, was mich außerordentlich berührt und gefreut hat – es war ein wunderbarer Abend.

Warum erzähle ich diese Geschichte? Es waren immer die besonderen Situationen, in denen es um konkrete Hilfe ging, die mir einen Sinn für viele lange Termine und Sitzungen gegeben haben. Natürlich arbeitest du dann auf der Bundes- oder Europaebene und denkst manchmal, was ist das Konkrete dahinter? So viele komplexe und umfassende Unterlagen, die gelesen und verstanden werden müssen, und eigentlich geht es darum, das Leben besser zu gestalten. Ich war immer dankbar für das Konkrete und habe mich immer sehr gefreut, wenn ich aktiv in meiner Position und Funktion helfen konnte.

Außerdem liegt mir durch die Arbeit als Bevollmächtigte auch die große Freundschaft zu Israel sehr am Herzen. Durch die Städtepartnerschaft mit Haifa hatte ich die Möglichkeit, mehrmals nach Israel zu reisen. Es war für mich mit meiner familiären Geschichte, mit Großeltern, die in der NSDAP waren und diese Gräueltaten mindestens toleriert haben, ein sehr bewegendes Erlebnis. Wir waren mit unserer Delegation der Bürgerschaft am Holocaust-Gedenktag in Haifa zum städtischen Festakt eingeladen, und da wurde in einem Theaterstück von jungen Menschen die Schoah und Vernichtung einer jüdischen Familie während des Nazi-Regimes aufgeführt. Meine Töchter waren damals in dem Alter, in dem sie Singtheaterstücke mit ihrem Chor aufführten, und es erinnerte mich so sehr daran, bloß dass der Inhalt ein vollkommen anderer war. Wie grausam und wie berührend, als Schoah-Überlebende mit ihren Enkelkindern oder Urenkelkindern gemeinsam auf der Bühne Kerzen anzündeten. Ich bin nicht sehr schnell am Weinen, aber damals flossen die Tränen nur so aus mir, und ich hatte das Gefühl, für meine ganze Familie dort endlich sichtbar meine tiefe Verbundenheit und auch Reue zu zeigen. Es ging mir nicht allein so, unsere Delegation war insgesamt tief betroffen, und wir wurden von unseren Gastgebern fast aufgemuntert und getröstet. Was für ein Wahnsinn – ich war voller Bewunderung für diese Herzlichkeit.

Mir fiel wieder auf, wie wenig Berührungspunkte es eigentlich in Deutschland mit dem jüdischen Leben gibt. Es ist schade, dass wir so wenig voneinander erleben. Auch mit anderen Nationalitäten und religiösen Gruppen geht es mir so, und deshalb war ich immer voller Freude, wenn ich von Botschaften und Religionsgemeinschaften in Berlin und Bremen eingeladen wurde. Welchen großen Schatz und Reichtum haben wir hier in Deutschland und wie wenige sind wirklich neugierig oder haben die Möglichkeiten, einen Kontakt außerhalb ihres eigenen kleinen Kulturkreises zu knüpfen. Manchmal hat das Berliner diplomatische Leben etwas von einer anderen Zeit, als ob es nichts Besseres zu tun gäbe, als sich mit einer Botschafterin zum Mittagessen zu treffen oder abends bei einem Nationalfeiertag in einer Botschaft zu sein. Ich habe das über die Jahre immer mehr zu schätzen gelernt, und es war mir sehr wichtig, die diplomatischen Kontakte zu unseren Partnerschaften intensiv zu pflegen

Der Bundesrat hat seinen Sitz in Berlin in der Leipziger Straße und ist in einem wunderbaren Gebäude untergebracht, in einem preußischen Herrensitz. So alt das Gebäude von außen wirkt, so modern ist es von innen, und diese Mischung aus Modernität und Tradition passt ausgesprochen gut zu der Institution Bundesrat. Der Föderalismus, der hier als Länderkammer und Vertretung der 16 Länder der Bundesrepublik Deutschland sein sichtbares Herz hat, wird ständig und gerade kürzlich unter der Corona-Pandemie diskutiert und von Bundespolitikern und Bunderpolitikerinnen infrage gestellt. Wie schon erwähnt, bin ich ein immer größerer Fan dieser demokratischen Doppelstruktur von Bundestag und Bundesrat geworden. Alle schauen und grübeln, teilweise leider unter hohem Zeitdruck, über die Gesetze, die jeden Einzelnen so unterschiedlich treffen können.

Wenn es eine zentrale und zugespitzte Demokratie gäbe, wäre nur ein kleiner Kreis entscheidend und müsste viel Verantwortung übernehmen. Ich weiß, dass einige durchaus eine solche Aufgabe annehmen würden, aber ich habe mehr Vertrauen in 16 Köpfe plus Kanzler:in und Bundesminister:innen.

Zurück zum Bundesrat und dem Widerspruch von Moderne und Tradition. Im Bundesrat werden in der Regel vor den Abstimmungen Reden im Plenum gehalten, meistens von den Ministerpräsidentinnen und Ministerpräsidenten oder den zuständigen Fachminister:innen. Für die Bundesregierung sind häufig die zuständigen Staatssekretär:innen, teilweise auch die Bundesminister:innen, da und antworten beziehungsweise tragen die Position der Bundesregierung vor. Bei dieser Aussprache wird nicht geklatscht, und es gibt keine Zwischenrede oder andere Formen von Zustimmung oder Ablehnung, wie im Bundestag.

Woran liegt das?

Es liegt daran, dass hier nicht nach Parteien sortiert die Mitglieder des Bundesrats im Plenum sitzen, sondern nach Ländern, also auf den sogenannten Länderbänken, die alle gleich viel Sitze, nämlich acht, haben. Dort sind häufig auch die leitenden Beamt:innen vertreten, da es manchmal noch kurzfristig um fachliche Details gehen kann. Dazu kommt, dass es heute häufig Zweier-

oder sogar Dreier-Koalitionen gibt. Nun wäre es natürlich seltsam, wenn ein Land laut seine jeweilige Zustimmung oder Ablehnung kundtäte. – Also, bitte nicht klatschen auf dem Marktplatz Bundesrat!

Eine weitere Besonderheit sind die Stimmabgabe und Verteilung. Die Länder haben nach ihrer Größe unterschiedlich viele Stimmen (die kleinen drei, die großen sechs), geben sie aber alle mit einer Hand ab. Das ist eine gewisse Herausforderung für das Präsidium, schnell und richtig die Mehrheiten zusammenzuzählen. Da ich längere Zeit Schriftführerin war, hatte ich häufig diese Aufgabe und musste schnell Kopfrechnen.

Eine Landesvertretung hat natürlich noch andere Aufgaben, als das Plenum des Bundesrates zu bespielen. Gerade die Vorarbeiten in den Ausschüssen und die Rückkoppelung zu den senatorischen Dienststellen in Bremen bedürfen einer guten Kommunikation und viel Arbeit mit Abstimmungen und Koordination. Darüber hinaus soll das Land natürlich mit seinen Interessen und Vorteilen wahrgenommen werden. Als ich 2012 diese Aufgabe vom damaligen Präsidenten des Senats, Bürgermeister Böhrnsen, übertragen bekommen hatte, war der klare Wunsch damit verbunden, sichtbarer in Berlin vertreten zu sein. Neben den Gesprächen mit den Bundesministerien und anderen Landesvertretungen ging es um die Kontaktpflege zu wichtigen Stakeholdern, Lobbyisten und befreundeten Verbänden und Organisationen. Aber auch als Schaubild für die vielen besonderen Initiativen, Kultureinrichtungen und Wirtschaftsbereiche wie auch Forschungs- und Wissenschaftseinrichtungen war es gut, ein »eigenes Haus« in der Hauptstadt zu haben. Zusätzlich wurden die Klassenfahrten sowie Delegationen ausgebaut und die Besuchergruppen herzlich begrüßt. Mir war es immer wichtig, dass die Bremerinnen und Bremer ihre Landesvertretung in Berlin kennen und nutzen.

Die Bremer Landesvertretung war personell eigentlich immer unterbesetzt angesichts der vielen Aufgaben, die wir genauso wie die großen Länder übernehmen mussten. Zwar hatten wir keine großen Sommerfeste, aber schon eine Reihe von Veranstaltungen, um Bremen und Bremerhaven in Berlin zu präsentieren. Die Landesvertretung war ein kleiner Kosmos mit Gästehaus, Küche und Veranstaltungsservice, mit Referent:innen für die verschiedenen Fachaufgaben im Bundesrat von Soziales, Wirtschaft und Finanzen bis Kultur und Umwelt. Es wurde auf meine Anregung ein Freundeskreis der Bremer Landesvertretung gegründet, damit die »Butenbremer:innen« eine Möglichkeit hatten, sich mit der Landesvertretung in Berlin zu verbinden und Bremen sowie Bremerhaven etwas in Berlin zu repräsentieren. Mein Wunsch war es, eigentlich noch viel mehr Kultur und Besonderes aus Bremen und Bremerhaven in Berlin zu zeigen, nicht nur Fisch und Grünkohl, sondern viele Künstler:innen. Ich war etwas neidisch auf die große hanseatische Schwester, die Hamburger Landesvertretung, die so viel mehr präsentieren konnte, da sie zum Beispiel auch eine private Stiftung hatte, die nur das Ziel der Repräsentanz von Hamburg in Berlin hatte. Da hatte ein Hamburger sein ganzes Vermögen in die Stiftung gegeben, um seine Heimatstadt in Berlin zu zeigen. Was für ein dolles Ding.

Persönlichkeiten, die mir in Erinnerung bleiben werden

Fangen wir mit den Frauen an: Ich habe unglaublich viele engagierte, schlaue, professionelle und humorvolle Frauen in Berlin beobachten und kennenlernen dürfen. Zunächst sind die Ministerpräsidentinnen zu nennen, die einem verantwortungsvollen Job nachgehen und ihren Weg zwischen harter Arbeit, Durchsetzungsvermögen und Weiblichkeit finden. Sie alle, ob Malu Dreyer, Manuela Schwesig, Hannelore Kraft oder Annegret Kramp-Karrenbauer, stehen stärker unter Kritik und Beobachtung als ihre männlichen Kollegen. Besonders erfolgreich sind sie, wenn sie ihren Humor behalten und sich nicht Bange machen lassen, was in diesem schnellen, komplexen und harten Geschäft sehr schnell passieren kann. Ich habe sie alle als unglaublich mutig, kämpferisch und leidenschaftlich erlebt. Das ist sehr bewundernswert!

Ähnlich geht es mir mit der ehemaligen Kanzlerin Angela Merkel. Ich bin nicht in der CDU und war trotzdem von Anfang an voller Bewunderung für ihr Geschick, ihren Humor und dafür, wie sie bescheiden und professionell mit der notwendigen Ruhe und Sachlichkeit die schwierigen Aufgaben gelöst hat. Natürlich gehört ein loyales, weitsichtiges und schlaues Team genauso zur Person, das darf man nie vergessen. Auch Andrea Nahles habe ich als leidenschaftliche Politikerin mit viel Umsicht kennengelernt.

Manchmal ist es einfach zu viel, was Frauen, aber auch Männer, in dieser Führungsverantwortung auf sich nehmen. Und manchmal prägt die Rolle einen so sehr, dass sie zu einer Ohnmacht angesichts der verschiedenen Anforderungen und der großen Verantwortung führt. Die Medien sind gnadenlos mit Frauen, gnadenloser als mit Männern. Hier geht es nicht nur um sachliche Kritik. Bei Frauen wird sofort die gesamte Persönlichkeit infrage gestellt, und da sind wir gleich wieder bei Maria und Eva. Es ist sehr traurig, dass Frauen medial nicht positiver begleitet werden und ihre Fähigkeiten und Kompetenzen nicht im Vordergrund stehen! Diese oft persönlich harte Kritik führt dazu, dass man immer statischer wird, sich auch äußerlich unangreifbar macht und dadurch seine Persönlichkeit Stück für Stück ablegt. Wer diesen Weg nicht geht und sich nicht uniformiert beziehungsweise neutralisiert, wird einer extremen Kritik ausgesetzt und darf nicht empfindlich sein. Ich habe das teilweise als wirkliches Dilemma für Frauen wahrgenommen und finde es schade, dass die Medien und die Öffentlichkeit nicht gütiger und respektvoller mit den Personen umgehen, die diese Wahnsinnsaufgaben verantwortungsvoll übernehmen.

In der politischen Berliner Blase sind mir, was diese Thematik angeht, noch die vielen Netzwerkerinnen positiv in Erinnerung, die, ob als Lobbyistin, Unternehmerin, Botschafterin oder hohe Beamtin, in den Ministerien in verschiedenen Netzwerken sehr respektvoll und wertschätzend miteinander umgehen. Diese Kreise haben mir sehr gutgetan, und ich habe eine neue weibliche Solidarität kennengelernt, die mich auch in meiner eigenen Verantwortung geprägt hat. Meine Erfahrung ist, dass diese neuen Netzwerke, neben den alten Klubs, die sich nur langsam für eine diverse Sichtweise öffnen und eigentlich lieber männlich unter sich bleiben wollen, viel zu wenig wertgeschätzt werden. Es tut gut, sich auszutauschen und zu unterstützen, wenn man beruflich so sehr belastet und häufig allein ist, gerade als Frau!

Das aber wohl prägendste persönliche Berliner Schlüsselerlebnis war für mich der Besuch der Queen. Ich bin 1965 geboren, und seitdem ich mich erinnern kann, gibt es Queen Elisabeth. Nun habe ich auch noch als Zweitnamen den Namen Elisabeth, allerdings nicht nach der Queen, sondern nach meiner Großmutter, aber irgendwie hat mich die Queen durch mein Leben begleitet. Als ich eine junge Frau war, brachte meine Großtante Ella jeden Samstag die Illustrierte »Frau im Spiegel« mit zu Besuch, und es gab nichts Schöneres, als die bunten Blätter leicht gelangweilt am Wochenende zu lesen und zu verfolgen, was die Schönen und Reichen in ihrer Welt so treiben. Nun kam die Queen also live nach Berlin, und ich hatte über meinen Hamburger Kollegen tatsächlich eine Karte für die Audienz im Garten des Botschafters. Was für ein Erlebnis, schon die Einladung mit den ganzen »Benimmregeln« für die Audienz. Nicht auf den Weg gehen und sprechen, wenn die Queen einen anspricht, keine Fotos, aber gern einen knicksenden Diener ... Alles war aus einer anderen Zeit, worüber sich meine Tante Ella sehr gefreut hätte. Sie hätte mit ihrem guten Kostüm aus dem Mantelhaus Kaiser in Hannover genau ins Ambiente gepasst. Ich habe nie zuvor und danach so viele Frauen mit Hut in Berlin gesehen. Alle Gäste bewegten sich langsam und bedächtig durch den Garten, schon als die Queen noch nicht sichtbar war. Ich genoss das Ambiente und sprach mit einer etwas aufgeregten Frau, die sich mit Hut und Perlenkette für den Anlass entsprechend herausgeputzt hatte. Sie war so aufgeregt und freute sich so sehr auf dieses Ereignis, dass ich fast Sorge hatte, sie vergäße vor Aufregung das Atmen. Sie wollte unbedingt die Queen aus direkter Nähe sehen, und so benühten wir uns, vorne am gekennzeichneten Weg eine gute Position einzunehmen. Es war nicht klar, aus welcher Richtung sie kommen würde, aber an dieser Stelle musste sie eigentlich so oder so vorbeikommen. Da ich offenbar etwas erfahrener mit solchen Ereignissen und auch nicht so aufgeregt war, schützte ich die wunderbar begeisterte Queen-Anhängerin, Sekretärin von Beruf, vor dem zunehmenden Andrang. Es war mir eine so große Freude, ihr immer wieder zu verdeutlichen, dass wir hier stehen bleiben und den drängelnden Männern und Frauen den klaren Hinweis geben sollten, dass hier für sie kein Platz mehr war! Die Queen kam, und meine

»Freundin« stellte sofort fest, dass ihre Hoheit auch eine Perlenkette trug, wie sie selbst. Ich hatte etwas Sorge, dass mein Schützling vor Aufregung das Bewusstsein verlieren und dann auf den Weg direkt vor die Füße der Queen fallen würde ... Das passierte zum

Glück nicht, sondern alles verlief nach Protokoll und war schon eine Situation aus einer anderen Welt – mit Knicks und Diener ein langsamer Auftritt, aber dann doch schnell wieder vorbei. Mein Schützling war danach vollkommen fertig und erschöpft und wusste leider nicht, wo sie ihr Auto geparkt hatte. Es war einfach wunderbar und für mich ein unvergessliches Ereignis! Auf dem Weg zur Bushaltestelle habe ich dann doch noch ein Foto von der Queen gemacht, als sie in ihrem Bentley an mir vorbeifuhr. Eine besondere Situation in Grunewald ...

Ähnlich besonders war der Besuch von Präsident Obama mit seiner Familie in Berlin. Auch diese Tage werde ich für immer in Erinnerung behalten – nicht nur, weil der eigentliche Tag der Rede vor dem Brandenburger Tor unvergleichbar heiß war und wir schwitzend warteten, bis das Ereignis endlich losging und wir in der vierten Reihe die etwas enttäuschende Rede verfolgen konnten. Nein, wesentlich prägender war die Atmosphäre! Berlin wurde zum Hochsicherheitstrakt. Ich hätte mir nie vorstellen können, dass mitten in Deutschland und mitten in Berlin eine gesamte Region vollkommen abgeschirmt wird. Wenn man sich durch Berlin-Mitte bewegt, ist es eigentlich ein bekanntes Bild, dass urplötzlich eine Kreuzung abgesperrt wird oder zum Beispiel der Tunnel Richtung Hauptbahnhof. Es kommt immer sehr plötzlich und sehr konsequent – nichts geht mehr durch, und von irgendwoher sieht man den Tross von Limousinen, Motorrädern und Polizei herannahen. So schnell, wie es kommt, geht es auch immer, und manchmal hat man die Chance, die Flagge auf der Limousine genauer zu sehen, um zu erraten, welche Regierungsperson zum Staatsbesuch in Berlin ist. Oder es wurde schon früh im Morgenticker des Tagesspiegels darüber berichtet. Das gehört zu einer Weltstadt dazu, und es wirkt natürlich, obwohl es in dem Moment total nervig ist. Bei Obama allerdings hatten alle erwartet, dass es etwas mehr Sicherheit und Aufmerksamkeit geben wird, da es natürlich fürchterlich wäre, wenn einem amerikanischen Präsidenten in Berlin, in Deutschland etwas passieren würde. Aber das Ausmaß an Sicherheitsvorkehrungen, die über mehrere Tage geplant und ausgeführt wurden, war unvergleichbar! Es wirkte, als ob wir uns im Bürgerkrieg befänden und hinter jeder Kreuzung oder Häuserecke die große Gefahr drohe. Viele Politiker:innen sind die Sicherheitsvorkehrungen in Maßen gewohnt, auch in ihrem privaten Leben, und die Sprüche über Bodyguards hören schnell auf, da man sich erstens der Gefahr und zweitens der zunehmenden Aufgabe der Privatheit immer stärker bewusst wird. So gab es auch Minister:innen und Ministerpräsident:innen, die sich einfach darüber freuten, wenn sie mal wirklich privat, also ohne Personenschutz, sein konnten. Auch wenn die Polizei und gerade der Personenschutz in Deutschland in der Regel extrem professionell und entspannt sind, gibt es doch häufig einen Schatten und damit immer das Bewusstsein, es könnte mir persönlich etwas passieren, da ich dieses Amt ausführe. Damit muss man umgehen können! Manchmal versucht man regelrecht, ein bisschen Katze und Maus zu spielen, um endlich mal unbeobachtet zu sein. Und natürlich ist die Arbeit des Personenschutzes nicht einfach, da man permanent auf der Hut sein und trotzdem eine gewisse Entspannung ausstrahlen muss.

Bei Obama hatte es noch eine deutlichere Note. Die Bevollmächtigten der Länder hatten für die Dauer des Besuchs des damaligen amerikanischen Präsidenten mit seiner Frau und den Töchtern einen Extra-Ausweis, um sich in dem gesperrten Gebiet bewegen zu können. Das Gebiet umfasste den Bereich Tiergarten, Brandenburger Tor bis zum Potsdamer Platz und Teile der Leipziger Straße und Unter den Linden. Mittendrin in diesem Bezirk befindet sich die

Straße »In den Ministergärten«, in der sich viele Landesvertretungen befinden, so die Landesvertretungen aus Niedersachsen, Schleswig-Holstein, Rheinland-Pfalz, Brandenburg und Mecklenburg-Vorpommern, Saarland und Hessen. Die Bremer Landesvertretung befindet sich im sogenannten Diplomatenviertel am anderen Ende des Tiergartens in der Hiroshimastraße, gemeinsam mit der Landesvertretung von Nordrhein-Westfalen.

Zurück zu Obama. Als ich das »Sperrgebiet« am Potsdamer Platz mit meinem Ausweis betrat, um zu meinen Kolleg:innen in der Landesvertretung Schleswig-Holstein und Niedersachsen zu kommen, kam ich mir vor wie in einer Filmproduktion zu einem Untergangsfilm. Es war mehrfach abgeriegelt, und so viel bewaffnete Polizei habe ich seit dem G20-Gipfel in Hamburg nicht mehr gesehen ... Es herrschte totale Ruhe in den Häuserschluchten des Potsdamer Platzes – niemand war zu sehen, und es wehte ein Wind durch den heißen Sommertag. Eine surreale Stimmung, die durch Hubschrauber am Himmel noch verstärkt wurde.

Meine Gedanken über so viel Sicherheitspersonal und Polizeipräsenz, die wir gerade in Deutschland und insbesondere in Bremen überhaupt nicht gewohnt sind, machten mich fassungslos. Was ist los, dass es so einen großen Aufwand geben muss, wenn ein Staatsoberhaupt nach Deutschland kommt? Natürlich verstehe ich, dass gerade Barak Obama als erster afroamerikanischer Präsident ein besonderes Schutzbedürfnis hat – so hat mal jemand zu mir gesagt, die wichtigsten Ergebnisse, die Obama in seiner Präsidentschaft erreichen konnte, seien gewesen, dass er überhaupt gewählt wurde und dass er am Leben geblieben ist. In was für einer Welt leben wir denn? Warum ist der Hass auf Politiker:innen und politisch gewählte Menschen so hoch? Natürlich verstehe ich die Verantwortung, die mit einer politischen Funktion einhergeht. Aber die zunehmenden, sehr persönlichen Anfeindungen und damit verbunden auch die prekäre Sicherheit der Personen sind einfach unvorstellbar. In der Bremer Landesvertretung wurden 1999, als sie in Berlin gegründet wurde, große Sicherheitsstandards eingebaut, neben der »normalen« Alarmanlage auch eine Pforte aus Sicherheitsglas und ein großer Tresor für wichtige Dokumente sowie abhörsichere Räume. Bei meiner ersten Begehung wurde mir dieses Sicherheitskonzept genauestens erklärt, und ich fühlte mich wie in einer anderen Welt. Waren das nicht die Zeiten der 1970er-Jahre, als sich gerade der Terror gegen etablierte staatliche Einrichtungen richtete? Nun holte es mich während des Obama-Besuchs in Berlin wieder ein, und als ich in den Nebenstraßen die Wasserwerfer und die motorisierte Polizei sowie später am Pariser Platz die vielen Scharfschützen auf den Dächern sah, wurde mir ganz anders. In welchem System der Angst und Bedrohung leben wir hier? Natürlich passieren immer wieder reale Angriffe auf Politiker:innen, wie zum Beispiel auf den Danziger Bürgermeister Adamowicz, der 2018 auf einer öffentlichen Veranstaltung tödlich verletzt wurde und den ich aus der Städtepartnerschaft Bremen-Danzig, aber auch aus dem Ausschuss der Regionen persönlich kannte. Wie fürchterlich ist es, mit einer möglichen Bedrohung und Gefahr zu leben.

Die Länder und ihre Einzigartigkeit – Der 3. Oktober ist wie Weihnachten des Föderalismus

Ich hätte vor meiner Tätigkeit nicht gedacht, dass die regionalen Unterschiede in Deutschland so stark sind. Natürlich waren mir einzelne Dialekte bekannt und auch die Lederhose und das Dirndl, was meine Mutter, geboren in Mecklenburg, so gern zu jedem Anlass trug. Aber ich bin in der Nähe von Hannover geboren, und da spricht man ja angeblich das beste Hochdeutsch. Deshalb fällt es mir extrem schwer, Dialekte zu verstehen oder gar zu sprechen; aber sie haben mir schon immer sehr gefallen, und ich bewundere jeden, der Dialekte sprechen kann.

Meine mecklenburgische Mutter konnte noch Platt, und in der Zeit als Frauenbeauftragte im Niedersächsischen war es gut, dass ich Platt verstehen konnte, da der Bürgermeister der Gemeinde immer gern Platt sprach, erst recht, wenn es um wichtige Dinge ging.

Bei einem Lehrauftrag an der Hochschule in Konstanz zum Thema »Frauen in Europa« machte ich die Erfahrung, dass die Studentinnen mit mir sehr distanziert umgingen. Ich sprach es im Seminar direkt an, und es stellte sich heraus, dass die Frauen mein Hochdeutsch als »arrogant« wahrnahmen und deshalb an ihre Erfahrungen in der Schule mit Lehrer:innen erinnert wurden. Nachdem alle in einer kurzen Runde ihren Dialekt vorgestellt hatten, war das Eis gebrochen, und die Vorlesungen gingen wesentlich freundlicher und entspannter weiter.

Warum erzähle ich das? Ähnlich war es im Länderkreis: Nicht nur die Dialekte, sondern auch eine bestimmte Art des Umgangs und der Etikette war den verschiedenen Ländern und ihren Vertreter:innen zuzuordnen. Manchmal, gerade beim »Einzug« der Ministerpräsident:innen ins Bundesratsplenum, häufig gefolgt von Sicherheit und eigenem Stab, wirkte die Halle wie bei Harry Potter, wenn die verschiedenen Schulklassen zum Wettbewerb auf Hogwarts antreten. Es gibt die regionalen Unterschiede, und es ist auch gut, dass sie zu erkennen sind – was für eine großartige Vielfalt, die da aufeinandertrifft und trotzdem so viel Verbindendes hat!

Ich bin wirklich eine große Anhängerin der föderalen Struktur, da sie diese Besonderheiten unseres Landes immer wieder sichtbar macht und jeder Region Macht für Entscheidungen verleiht!

Der 3. Oktober ist unser nationaler Feiertag, an dem wir die Wiedervereinigung aller Länder und Deutschland feiern. Eigentlich ist es auch der Feiertag des Föderalismus und unserer regionalen Einzigartigkeiten. Jedes Jahr wechselt die offizielle Einheitsfeier ihre Stadt. Es wird immer in dem Land gefeiert, welches gerade den Vorsitz des Bundesrates, also die Bundesratspräsidentschaft, innehat. Auch diese Tradition halte ich für einen sehr guten Gedanken, da dadurch die Bundesrepublik mit ihren Organen – Bundestag, Bundesregierung, Bundesverfassungsgericht und Bundesrat – in den verschiedenen Ländern und ihren Landeshauptstädten sichtbar wird.

Der Tag der Deutschen Einheit, also der 3. Oktober, ist quasi Weihnachten für die föderale Struktur, und so wurde bislang auch in den verschiedenen Länderzelten und Pavillons am Vorabend mit Bands und Kultur gefeiert. Ich mochte es sehr, mit meinen Kolleginnen und Kollegen über die Ländermeile zu gehen und sich die verschiedenen Präsentationen anzuschauen. Da wurde im Hamburger Zelt Hip-Hop präsentiert, und bei den Rheinland-Pfälzern gab es den besten Wein. Die Saarländer tanzten mit ihrer damaligen

Ministerpräsidentin, und im großen NRW-Zelt trafen sich alle zum Abtanzen bei Diskomusik.

In meiner Dienstzeit begann der eigentliche Feiertag mit einem Gottesdienst, der live im Fernsehen übertragen wurde. Die Bevollmächtigten saßen streng platziert in den hinteren Reihen, vor uns die Ministerpräsident:innen, der Bundespräsident, die Kanzlerin und die Bundesminister:innen, neben uns der diplomatische Korps, also viele Botschafter:innen, und die Bundestagsabgeordneten sowie andere Vertreter:innen aus der Justiz, Wirtschaft und Kultur. Ich entsinne mich an den Gottesdienst in Mainz, den ich zufällig mit Kurt Beck betrat. Was für eine schöne Kirche, der Mainzer Dom, und bis zum letzten Platz besetzt. Es war wie immer ein großes Treffen und Begrüßen, schlicht eine Freude, sich wiederzusehen und gemeinsam diesen Morgen zu verbringen. Nun bin ich zwar in der evangelischen Kirche, aber keine Kirchgängerin, und trotzdem waren gerade diese Gottesdienste mit ihren Reden und der Predigt für mich immer etwas Besonderes. Es tat gut, innezuhalten und zuzuhören und natürlich auch gemeinsam zu singen.

Ich weiß nicht mehr genau, ob es in Stuttgart oder in Mainz war, wo wir, bevor die TV-Übertragung begann, eine Einstimmung und Regieansage erhielten. Es war wunderbar, da der Pastor uns mitteilte, auch wenn wir nicht singen könnten, sollten wir doch bitte alle den Mund bewegen, damit, falls die Kamera uns zufällig filmen würde, wir freudig und aktiv auf den Bildschirmen zu sehen seien. Es würden vor allem viele ältere Menschen zuschauen und sich freuen, wenn es eine gute Stimmung gebe. Die Chöre würden schon laut genug singen, da müssten wir uns keine Sorgen machen. Diese Einführung führte zu einer so guten Stimmung, dass sich die Lieder wunderbar anhörten, obwohl die eine oder der andere in der Nacht zuvor nicht sehr lange geschlafen hatte.

Auch die offizielle Einheitsfeier danach war wie immer ein großes Erlebnis, und die Reden, die abwechselnd vom Bundeskanzler beziehungsweise damals von der Bundeskanzlerin und dem Bundespräsidenten gehalten werden – neben der Rede der jeweiligen Bundesratspräsident:in – waren immer zum Nachdenken geeignet. Die Einheit in Europa und das gemeinsame Leben auf diesem Kontinent sowie in diesem Land standen dabei natürlich sehr im Mittelpunkt. Es lohnt sich, am Morgen des 3. Oktobers diese Feierlichkeiten zu verfolgen.

Nochmal zurück zum konkreten Politikgeschäft.

Wie funktioniert nun das Regieren in einem Land oder auch im Bund? Ich habe mich gewundert, wie gut organisiert die Wochenabläufe fast in jedem Bundesland sind. So gibt es organisatorische Parallelen in allen Landeshauptstädten und im Bund. Montags beginnt die Woche mit den frühen Runden in der Staatskanzlei und in den Ministerien. Bevor sich die Spitze mit ihrem Stab aus Presse, Büroleitung und Verwaltungsspitze trifft, wird die Runde zunächst ohne die Ministerpräsidentin oder den Ministerpräsidenten beziehungsweise die Ministerin oder den Minister vorbereitet. Wichtige Fragen stehen dann im Mittelpunkt: Was gibt es Aktuelles? Was steht in den Medien? Was ist für den Tag und die Woche geplant? Wie weit ist der Vorbereitungsstand, und welche Vorlagen und Themen gibt es im Kabinett am Dienstag sowie im Bund am Mittwoch?

In der großen Runde werden am frühen Vormittag insbesondere die aktuellen Themen und die Tagesordnung des Kabinetts besprochen sowie die Arbeitsaufträge für die Woche verteilt. Teilweise gibt es diese Morgenrunden mehrmals in der Woche. Ebenfalls am Montag tagen dann die Staatssekretär:innen in ihrer gemeinsamen Runde und gehen die Kabinettssitzung am Dienstag durch. Vorher wird sich in der Regel mit den Regierungsfraktionen über die Vorlagen ausgetauscht, ob noch Änderungswünsche bestehen. Wenn es große Bedenken gibt, kann eine Vorlage von der Tagesordnung genommen werden, damit genügend Zeit bleibt, die Differenzen zu klären und die Vorlage zu verändern. Es findet natürlich vorher eine Abstimmung statt, die nun finassiert wird, damit dann die Regierung stimmige Beschlüsse fasst, die nicht hinterher wieder korrigiert werden müssen. Diesen ganzen Koordinierungsaufwand übernehmen insbesondere die Staatssekretär:innen mit ihren Abteilungsleitungen, zentral muss der Chef oder die Chefin der Staatskanzlei alles im Blick behalten.

Am Montag wird dann auch häufig in Telefonschalten mit den anderen Kolleginnen und Kollegen in den Ländern telefoniert, um die Themen auf der Bundesebene und in den anderen Ländern abzustimmen. Diese Abstimmungen finden in der Regel in den Parteifamilien statt. Dienstag ist der Tag der Regierung mit ihren Beschlüssen. In Bremen kommt der Senat zusammen und in anderen Ländern das Kabinett, bestehend aus allen Ministerinnen und Ministern sowie den Ministerpräsidentinnen und Ministerpräsidenten. Hier werden die Beschlüsse gefasst. Am Mittwoch tagen die Bundesregierung und der sogenannte Ständige Beirat der Länder in Berlin mit einem Vertreter beziehungsweise einer Vertreterin aus dem Bundeskanzleramt. Im Vorfeld des

Ständigen Beirats treffen sich die Bevollmächtigten der Länder zur Vorbereitung in der jeweiligen Parteifamilie, teilweise mit den zuständigen Vertreter:innen der Bundesregierung, die für die Regierungskoordination zuständig sind. Hier wird engagiert über neue Initiativen der Länder diskutiert und dafür geworben, sie zu unterstützen. Es geht um Mehrheitsbeschaffungen, aber auch um gegenseitige Planungen und Erwartungen von Seiten der Bundesregierung und einzelner Bundesministerien sowie der Länder. Hier kann es mal hitzig werden und Missverständnisse, die durch Presse und Medien eventuell entstanden sind, ausgeräumt werden. Wenn alles vorbereitet war, ging es in den Ständigen Beirat zur gemeinsamen Beratung aller Bevollmächtigten mit dem/der Staatsminister:in aus dem Bundeskanzleramt. Hier waren die Fristverkürzungsbitten ein häufiges Thema.

Natürlich gibt es im Laufe der Woche noch weitere Telefonschalten und mittlerweile auch Videokonferenzen. Die Kommunikation hat sich durch die Pandemie extrem verändert, so dass nun viele Runden digital durchgeführt werden, was vorher nicht möglich erschien. Ich glaube, in manchen Bereichen hat es dadurch eine große Entlastung gegeben, wenn es um kurze und klare Entscheidungen und Abstimmungen geht.

Politik ist aber nicht nur Verfahren und Technik, sondern viel Leidenschaft und Überzeugung, was man häufig in den Beratungen spürt. Ich glaube, das ist das Besondere an der politischen Arbeit. Sich gegenseitig zu überzeugen und für Themen und Positionen zu werben. Natürlich gehört auch Strategie und Taktik dazu, aber die inhaltliche Ausrichtung sollte schon das Bestimmende sein.

Nachdem dann die Regierung einen Beschluss gefasst hat, beginnt die Stunde der Verwaltung. Sie hat die Aufgabe, diese politischen Beschlüsse umzusetzen und mit Leben zu füllen. Nun hängt es von den verschiedenen Beamtinnen und Beamten sowie Angestellten ab, wie schnell und wie gut ein Beschluss umgesetzt wird. Hier besteht teilweise ein Spannungsverhältnis besonders zwischen erfahrenen Behördenvertreterinnen und -vertretern und den politischen Spitzen, gerade wenn sie neu im Amt sind.

Häufig sind mehrere Behörden involviert, und natürlich muss eine Verordnung oder ein Gesetz umgesetzt und angewendet werden, solange es nicht von einem Gericht überprüft und als rechtswidrig erklärt wird. Allerdings gibt es nicht nur rechtliche Beschlüsse, sondern auch einige, die eine weichere Formulierung haben. Die Fragen, die sich immer stellen, sind: »Wie tief gehe ich in einen Umsetzungsprozess der Verwaltung rein? Habe ich Vertrauen, dass es schon in die richtige Richtung geht und mit einem richtigen Engagement gemacht wird, oder nicht?« Je kleinteiliger es wird, umso mehr Schwierigkeiten gibt es.

Ich habe mir manchmal eine stärker lösungsorientierte Sichtweise gewünscht als eine problemorientierte. Am Ende muss die politische Spitze eines Ministeriums oder einer Behörde vor der Öffentlichkeit und dem Parlament die Verantwortung übernehmen.

Nun hält man sich in Deutschland in der Regel an die Beschlüsse, doch manch erfahrener Beamte weiß um seine Macht und hat eigene Überzeugungen, die dann in der konkreten Umsetzung förderlich oder hinderlich sein können. Manchmal fühlt es sich wie ein Katz-und-Maus-Spiel an, wobei man sich fragen könnte, wer was ist.

Wie funktioniert eine Regierung mit mehreren Koalitionspartnern? In einem Regierungsbündnis, also einer Koalition, braucht jeder Partner Luft zum Atmen. Das heißt, es klappt nur dann, wenn auch ein kleiner Partner mal einen Erfolg hat. Alle Mitglieder müssen mal sichtbar und erfolgreich sein, sonst wird der Frust in dem Bündnis zu groß. In Köln spricht man wohl vom »Gönnen können«, und das ist nicht nur dort sehr wichtig! Wenn jeder Punkt hart verhandelt wird und jemand immer gewinnen will, dann wird er Schwierigkeiten bekommen, in einem Team oder in einer Regierung mit mehreren Parteien zu bestehen. Da gerade diese Bündnisse aus verschiedenen Parteien bestehen, sind die Schwerpunkte und die politischen Ausrichtungen sehr unterschiedlich. Es gibt Regierungen, die die Ministerien aufteilen und glauben, dass jeder für sich allein seine Politik durchsetzen kann.

Natürlich gibt es einen Koalitionsvertrag, der, wie ein Vertrag über die Legislaturperiode, also entweder für vier oder fünf Jahre, die Themen, Ziele und Initiativen festlegt. Aber darüber hinaus zur Umsetzung braucht man zunehmend verschiedene Ministerien und Behörden!

Wie resilient sind wir noch? Die Frage, die sich gerade heute in dieser sehr dynamischen Welt der Politik stellt, ist die, wie viel Wandel und Veränderungen wir verkraften. Die Antworten sind sehr unterschiedlich und haben häufig etwas mit der persönlichen Gesamtsituation zu tun. Bin ich offen für Neues, oder macht es mir Angst? Verspreche ich mir davon positive Veränderungen oder bedroht es mein bisheriges gutes Leben?

Menschen haben einen feinen Sinn, der häufig unterbewusst über ihre Veränderungswünsche und Ängste gesteuert wird. Fakt ist, dass gerade durch Covid-19 die Veränderungen an allen Stellen Tempo aufgenommen haben.

Wie verkraften wir das, und wie kann Politik der Regierungen, Parlamente und NGOs das positiv begleiten und Vertrauen schaffen? Die Verwaltung ist dabei auch in ihrer Kommunikation von ganz neuen und großen Aufgaben betroffen, die Bürgerinnen und Bürger nicht nur zu informieren, sondern auch zu begleiten.

So transparent wie die Covid-19-Pandemie wurde noch nie eine Krise bewältigt. Vor allem die Journalist:innen und Reporter:innen in der Hauptstadt haben eine große Verantwortung, über die Verfahren und Beschlüsse richtig zu informieren, was sie leider nicht immer tun. Die Interessen der Medien sind ja auch nicht vorrangig, Politik korrekt zu erklären, sondern Stimmungen und Differenzen wiederzugeben, damit die Einschaltquote beziehungsweise die Absatzzahlen hoch bleiben (etwas böse formuliert), und auch die täglichen Talkshows zu bespielen, ohne dass es immer einen wirklichen inhaltlichen Mehrwert gibt!

In unruhigen Zeiten wünschen sich Menschen Halt und brauchen Vertrauenspersonen, die die

Dinge vernünftig in die richtige Richtung bringen. Es gibt viele unterbewusste Ängste und Sorgen, die nicht immer rational und deshalb umso schwieriger zu mindern sind. Menschen sehnen sich nach Sicherheit und wollen auf ihre Fragen Antworten, und die Aufgabe von Politik ist es, die Fragen so zu beantworten, dass sie verstanden werden. Kommunikation ist vertrauensbildend und sollte in barrierefreier, also einfacher Sprache stattfinden, damit alle sie verstehen können. Manchmal fällt es einem selbst schwer, die richtige Antwort zu finden, da es eine Diskrepanz zwischen den verschiedenen Bedürfnissen gibt (zum Beispiel, was Arbeitsplätze und Klimaschutz betrifft).

Um die verschiedenen Bedürfnisse nicht gegenseitig auszuspielen, braucht es jemanden, der schwierige und komplexe Themen erklärt und darüber informiert, denn in den meisten Fällen sind die Konflikte nicht leicht zu lösen.

Unterwegs sein – immer auf Achse

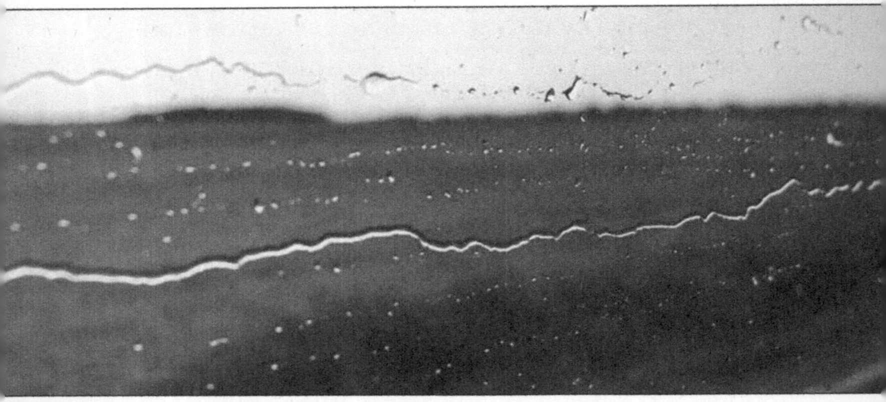

Die Zugfahrerin

Ihr Blick ist vom Vorüberziehen der Landschaft
so müd geworden,
dass sie nichts mehr sieht.
Ihr ist, als ob es Tausend Bilder gäbe
Und hinter diesen Tausend Bildern doch keine Welt.

Der weiche Sitz, geschmeidig starkes Ruckeln,
der sich im Gleisbett zieht,
ist wie ein Rutsch von Kraft um eine Strecke,
in der betäubt ein großer Wille liegt.

Nur manchmal schiebt der Vorhang der Pupille
sich lautlos auf. Dann geht ein Himmelsbild hinein,
geht durch der Glieder angespannte Stille –
und hört im Herzen nicht auf zu sein.

Ulrike Hiller
(frei nach »Der Panther« von Rainer Maria Rilke)

Wer viel beruflich unterwegs ist, wird eine Expertin in schnellen Wahrnehmungen. Jeder Ausstieg und Umstieg wird zum Abenteuer, ob an Bahnhöfen oder Flughäfen. Ich fahre kein Auto und bin deshalb entweder mit öffentlichen Verkehrsmitteln oder dem Rad unterwegs. Als Bevollmächtigte hatte ich in Berlin einen Dienstwagen mit Fahrer. Der damalige Büroleiter des Bürgermeisters sagte zu Beginn meiner Tätigkeit zu mir: »Uli, in Berlin nicht gleich den Dienstwagen abschaffen und nur mit dem Rad fahren!« Ich war damals vollkommen verdutzt, dass gerade dieser bescheidene und gradlinige Mann ohne Attitüde mir diesen Rat gab, aber es gab dafür zwei mir ersichtliche Gründe: Zum einen hatte das kleine Bundesland Bremen sowieso im Chor der Länder eine etwas »bedauerliche« Wahrnehmung – fast jedes Bundesland hat mindestens eine Stadt in der Größe der Freien Hansestadt Bremen oder wesentlich mehr Einwohnerinnen und Einwohner, wie Hamburg und Berlin. Also wäre es in der Akzeptanz schwierig geworden, wenn wir auf die »Etikette« der Länder verzichtet hätten. Zudem waren die Termine in Berlin so gehäuft, dass es nur möglich war, sie pünktlich wahrzunehmen, wenn man keine eigene Parkplatzsuche oder den Versuch unternommen hätte, mit den Öffentlichen zu fahren. Der damalige

Fahrer der Landesvertretung hatte allerdings noch weitere Aufgaben zu erledigen. Häufig fuhr er mich auch außerhalb der normalen dienstlichen Arbeitszeit, insbesondere abends, und es war mir wirklich eine große Hilfe, dass er mich sicher und pünktlich zu den verschiedenen Terminen brachte. Dennoch fuhr ich nach den Terminen oftmals mit dem Bus oder der U-Bahn zu meiner Berliner Wohnung, um die Bodenhaftung nicht zu verlieren und den Fahrer zeitlich nicht zu sehr zu belasten.

Auch in der Begleitung der gesamten Gesetzesinitiativen der Länder im Bundesrat war unsere Abteilung immer sehr schwach besetzt – hier durfte der Blick in die anderen Landesvertretungen nicht zum Frust führen, sondern nur dazu, mit Freundlichkeit und Kreativität personelle Engpässe auszugleichen und trotzdem dabei zu bleiben.

Es hat mich sehr gefreut, dass während meiner Zeit der gesamte Bremer Senat in Berlin zum ersten Mal intensiv mit Mitgliedern der Bundesregierung, aber auch Unternehmensvertretern einen Tag lang getagt hat. Was sich wenig anhört, ist bei dem Pensum aller Senatorinnen und Senatoren eine große Aufgabe. Es ist nicht selbstverständlich, sich genügend Zeit zu nehmen, um über den politischen Alltag mit seinen ganzen

Anforderungen und Planungen sowie die Umsetzung von beschlossenen Aufgaben zu diskutieren, auch mal über den »Tellerrand« zu schauen und als Senat gemeinsam über Bereiche zu sprechen, die vielleicht nicht direkt etwas mit dem eigenen Ressort zu tun haben.

Die Politik, ob in Berlin, Brüssel oder in den Ländern, hat ein hohes Tempo und obliegt häufig der alltäglichen Problemlösung. Das ist sehr schwierig, da es wenig Zeit zum Austausch und zum Denken gibt. In meiner damaligen Funktion der Querschnittstätigkeit, nämlich der Bundesangelegenheiten, der Europatätigkeit und der Entwicklungszusammenarbeit, gab es häufiger Ansatzpunkte für eine umfassende Betrachtung, auch, weil die alltägliche Umsetzung von Vorgaben nicht ganz so umfangreich war. Hoheitliches Handeln für das Allgemeinwesen, wie in einer klassischen Behörde, etwa der KFZ-Stelle, dem Einwohnermeldeamt oder in der Bildungsbehörde, war wenig gefordert. Aber im Querschnitt merkt man, wie viele verschiedene Bälle gerade in der Luft sind und wie wenig die einzelnen Akteur:innen eigentlich voneinander wissen. Wer behält dort noch den Überblick, und insbesondere, wer denkt eigentlich dann noch weiter und sieht, was wir zum Beispiel auch außerhalb unserer Ländergrenzen voneinander lernen können? Natürlich gibt es auf nationaler Ebene die Länderministerkonferenzen, die sich fachlich regelmäßig austauschen.

Die Europaminister:innen waren dabei früher eher wie eine umfassende Volkshochschule für Europa. Es ging weniger um Entscheidungen als um Information. Das hat sich in den letzten Jahren extrem verändert, allerdings ist die Verzahnung des Bundes mit der Europäischen Ebene, wenn überhaupt, nur zwischen den einzelnen Arbeitsebenen richtig gegeben. Für vorausschauende und planerische Entscheidungen bestehen zu wenige Möglichkeiten, weil einfach zu viel abgestimmt werden muss. Der Bundesrat bietet diese Möglichkeit als Verzahnung zwischen den Ländern und dem Bund, und deshalb ist eine aktive Mitarbeit im Bundesrat nicht nur für die eigenen Ländergrenzen, sondern auch für die eigene Weiterentwicklung und für das Voneinander-Lernen so wichtig. Genauso wie auf europäischer und internationaler Ebene, egal wie klein oder groß man ist.

Doch zurück zum Unterwegssein. Hauptbahnhöfe, Flughäfen und Hotels sind wie ein einziges großes Abenteuer. Dazu eine Geschichte:

Letzter Flieger aus Brüssel.

In meiner Arbeitszeit bin ich viel am Reisen, hauptsächlich in Städte mit B: Berlin, Bremen und Brüssel. Die Verbindung von Bremen nach Brüssel ist nicht optimal; weder mit dem Zug – dort fährt man über Köln sechs Stunden, und es ist ein großes Wagnis, weil die Zuverlässigkeit der Züge über Köln sehr schlecht ist – noch mit dem Flieger. Mit dem Flieger muss man, wenn man vom wunderbaren Flughafen Bremen starten möchte, immer umsteigen. Amsterdam oder Frankfurt ist die Frage. Ich habe mich meistens für Amsterdam entschieden, weil der Flughafen wesentlich angenehmer ist.

Einmal kam ich nach einem langen Sitzungstag im Ausschuss der Regionen in Brüssel mit dem Bus am Flughafen an und spürte sofort, dass etwas anders war. Es gab eine gewisse Unruhe und Hektik und Aufgeregtheit, und das nicht von der positiven Art. Es stellte sich heraus, dass viele Flüge schon gecancelt waren und dass die Ursache dafür ein Lotsenstreik in Belgien war. Alle waren damit beschäftigt, die Lage in irgendeiner Weise zu meistern. Man stellte sich in verschiedenen Schlangen auf und bildete kleine Grüppchen, man überlegte, was zu tun war, erst recht, da es schon am Abend war. Die meisten Menschen, die in Brüssel am Flughafen sind, halten sich hier nicht auf, um in den Urlaub zu fahren, sondern weil sie beruflich in Europas Hauptstadt sind. Auch ich hatte nur eine Arbeitstasche mit Unterlagen dabei, weil ich früh morgens von Berlin gekommen war und abends wieder zurück nach Berlin musste, denn am nächsten Tag fand eine wichtige Veranstaltung in der Landesvertretung statt.

Beim Schlangestehen am Schalter merkte man sofort, dass die Situation anstrengender werden würde, als viele gehofft hatten. Die meisten Hotels, die halbwegs gut waren oder in Flughafennähe lagen, waren schon ausgebucht, und es gab nur noch wenige Maschinen, die vom belgischen Flughafen abgewickelt wurden. So kam ein gewisser Run auf: Wer hat das Recht, zuerst bedient werden? Besonders die Personen, die einen besonderen Service gebucht hatten, traten immer aggressiver auf, wenn jemand vor ihnen drangenommen wurde. Ich dachte nur, herrje, wenn wir mal in Europa eine wirkliche Krise haben, werden wir einander gnadenlos die Augen aushacken. Die Erwartungshaltung, die gerade in unvorbereiteten Situationen auf einer Reise zutage tritt, zeigt stets, wie solidarisch beziehungsweise wie egoistisch eine Gemeinschaft ist. Das ist im Übrigen genauso bei Streckensperrungen der Bahn, die durch Sturm, Naturkatastrophen oder menschliche Tragödien nicht selten sind. Ich beobachte ja sehr gerne und schnell und sehe das Ganze als eine Art Theaterstück mit dramaturgischen Momenten, wobei deutlich wird, wie viel Energie und Traurigkeit eigentlich in einer solchen Situationen steckt. Und wie wenig Bereitschaft vorhanden ist, sich spontan auf die Situation einzulassen und das Beste daraus zu machen.

Auch ich war natürlich nicht erfreut angesichts der Aussicht, ohne Zahnbürste, Wäsche und Kontaktlinsenbehälter eine Nacht irgendwo in einem fürchterlichen Hotel in Brüssel zu verbringen und am nächsten Tag so früh wie möglich wieder zum Flughafen zu fahren, um eine Maschine nach Berlin zu ergattern. Deshalb sprach ich einen Mann an, der mir in seinem Karohemd sehr entspannt und bodenständig vorkam, ob er auch nach Berlin müsse. Er bejahte es, und wir warteten weiter ab. Auf einmal gab es eine Durchsage, dass es noch einen Flieger nach Hannover geben würde, und ob es Personen gebe, die von Brüssel nach Hannover fliegen wollten. Schnell überlegte ich, dass Hannover an Berlin natürlich wesentlich näher ist als Brüssel, und meldete mich genauso wie mein Kompagnon vor mir. Wir eilten durch den langen Gang zum Counter und bekamen tatsächlich noch eine Boarding Card. Weiter ging es zum Abflug. Okay, dort war auch wieder eine Schlange zu beobachten, und man fragte sich sofort, ob alle, die hier stehen, in diese kleine Propellermaschine passen. Aber egal,

Hauptsache raus aus Brüssel! Als ich die Maschine betrat und nach meinem Platz suchte, wirkte es so, als ob schon jeder Platz besetzt war. Und richtig, mein Platz war von einem Mann belegt. Womöglich eine Doppelbelegung? Doch wieder raus und in Brüssel bleiben? Ich hatte Glück, der Mann war sehr höflich erzogen und räumte sofort den Platz für mich frei. Manchmal ist es doch gut, eine Frau in den besten Jahren zu sein! Ich saß also auf meinem Sitz und fühlte mich wie Ingrid Bergmann in Casablanca. Mit der letzten Maschine raus aus dem Wahnsinn. Ich habe mich in meinem Leben noch nie so sehr gefreut, nach Hannover zu fliegen! Die Türen waren geschlossen, und tatsächlich flog die Maschine in den Abendhimmel. Ich war happy!

Während des Flugs kam der Mann aus der Schlange auf mich zu. Ich hatte gar nicht mehr an ihn gedacht. Er sprach mich an, ob ich Interesse hätte, von Hannover nach Berlin mitzufahren. Er habe einen Leihwagen gebucht, den letzten in Hannover. Ich war begeistert, egal ob der Mann mir nun fremd war oder nicht. Die Aussicht, noch in der Nacht nach Berlin zu kommen, war grandios. Als wir in Hannover landeten und Gott sei Dank ja kein Gepäck bei uns hatten, mussten wir uns beeilen, damit wir den Leihwagen noch vor 24 Uhr bekamen. Wie sich herausstellte, waren wir nicht alleine. Irgendwann blieben nur noch zwei andere Männer und wir übrig, darunter auch der derjenige, der im Flugzeug den Platz für mich freigemacht hatte. Wir fuhren in die Nacht hinein, ich im Auto mit drei fremden Männern, beglückt, nicht mehr in Brüssel zu sein! Wir bildeten eine eingeschworene Gruppe, tranken mitten in der Nacht an einer Tankstelle Kaffee, erzählten uns vom Leben und freuten uns, dass wir gemeinsam am frühen Morgen, als langsam die Sonne herauskam und die Vögel anfingen zu zwitschern, in der Hauptstadt ankamen. Was für ein Erlebnis! Wie viel Chaos und Freude in einer so ungewöhnlichen Nacht.

Meine politische Leidenschaft: Europa

Europa hat mich als Jugendliche »gerettet«. In der niedersächsischen Kleinstadt kann man zwar auch viel erleben, aber irgendwann kennt man fast jeden Baum, Baggersee und alle Bürger:innen. Mein erster Kontakt mit Europa war Frankreich. Eine kleine Stadt im Südwesten. Der Sportverein machte einen Jugendaustausch mit dem Deutsch-Französischen Jugendwerk, und wir bekamen in den Sommerferien eine Französin als Gast. Danach ging es dann selbst auf Reisen.

Ich habe mich sofort wohlgefühlt, die Gastfreundschaft und die Freiheiten sehr genossen, das Essen, die Jungs und die Mode ... Es war für mich ein neuer Sehnsuchtsort. Später, nach meiner Ausbildung zur Erzieherin, bin ich dann für ein Jahr als Au-pair nach Paris gegangen. Aber auch Italien hatte mein Herz erobert, da ich in jungen Jahren drei Jahre mit einem Römer zusammen war und viel la dolce Vita in Rom erlebt habe. Für mich war Europa immer eine Bereicherung und bescherte mir auch auf meiner Interrailtour 1983 nach Portugal durchweg positive Erinnerungen. Besonders die Gastfreundschaft und die faszinierende Kultur der Städte haben mich immer sehr beeindruckt.

Wie auch schon einige Male erwähnt, ist Europa meine wichtigste politische Leidenschaft. Für mich sind Vielfalt und Freiheit sehr bedeutend, und das klappt nur, wenn die europäischen Länder sich vernetzen und voneinander lernen. Leider ist es noch immer schwierig, den Dschungel in Europa zu durchschauen: Wer weiß schon, was AdR oder KGRE bedeutet? Die Abkürzungen stehen für den Europäischen Ausschuss der Regionen, also für das beratende Gremium im Europarat, und den Kongress der Gemeinden und Regionen des Europarates. Ich hatte die Ehre, fast sieben Jahre als Abgeordnete im Kongress der Gemeinden und Regionen Bremen als Stadt und Region/Land zu vertreten. Die Sitzungen des KGRE finden in Straßburg statt, da sie zum Europarat gehören, und setzen sich aus allen Gemeinden und Regionen Europas zusammen, also auch außerhalb der Europäischen Union, die ihre Regierungen demokratisch wählen. Gerade die Länder, die nicht Mitglied der EU sind, sind hier sehr engagiert. In der Zeit, als ich dort Mitglied war, wurde besonders über zwei Themen sehr engagiert diskutiert, nämlich die Frage nach dem Umgang mit Minderheiten, insbesondere den Sinti und Roma in Osteuropa, und damit auch die Fragen in Bezug auf die Armutsbekämpfung und soziale Sicherung in den Gemeinden und Regionen. Häufig wurde festgestellt, dass gerade bei den Zentralregierungen, die kein besonderes Interesse an der Armutssituation von Minderheiten und ländlicher Bevölkerung haben, Möglichkeiten der europäischen Förderung nicht weitergeleitet wurden. Die Gemeinden hatten es umso schwerer, eine gute soziale Infrastruktur zu entwickeln.

Ein anderes Thema, was mich sehr berührt hat, war der besondere Blick auf die Arbeitsmigration in die EU. So formulierten einige Heimatstaaten das große Problem, dass gerade die jungen und gebildeten Bürger:innen auswanderten und damit das eigene »Potenzial« sehr geschwächt wurde. Deshalb war der Wunsch nach einer zeitlich begrenzten Migration sehr stark, damit auch die eigenen Länder Chancen auf eine zukünftige Entwicklung behalten würden. Ich fand die Debatten und Diskussionen besonders in den Ausschüssen sehr bereichernd; gerade die konkreten Erfahrungen aus der Arbeit vor Ort waren hilfreich für die eigene Bewertung und anregend für das eigene Handeln. Persönlich war für mich die Gestaltung der Pausen zwischen den einzelnen Sitzungen herausfordernd, da ich immer schnell in die Innenstadt gefahren bin, um meinen Töchtern etwas aus Frankreich mitzubringen. Mal war es ein Bastelbuch, mal ein Kleidungsstück oder eine besondere Leckerei, was dazu führte, dass es »okay« war, wenn ich für einige Tage nach Straßburg fuhr.

Im Ausschuss der Regionen war ich als Bevollmächtigte der Freien Hansestadt ebenfalls fast sieben Jahre. Der Ausschuss der Regionen tagt in Brüssel und ist ausschließlich für die Regionen der Europäischen Union zuständig. Hier werden die Initiativen der EU-Kommission aus Sicht der Regionen beraten und Stellungnahmen verfasst. Ich habe auch dieses Gremium als sehr wertvoll erachtet, insbesondere die Exkursionen in die Regionen Europas, die häufig sehr praktische, konkrete Anliegen auf der Agenda hatten. So war ich unter anderem in Italien, um mich mit der europäischen Stahlindustrie zu beschäftigen, in Espoo bei Helsinki, um die Startups im Bereich Gaming und IT kennenzulernen, oder in Tallinn, um über die Digitalisierung für Bürger:innen Konkretes zu lernen. Es war immer sehr lehrreich, und auch der Austausch mit den anderen Kolleg:innen brachte viele neue Sichtweisen und Erkenntnisse. In Brüssel selbst war es meistens ein sehr gedrängtes Programm in geschlossenen

Räumen, abgedunkelt und mit weiten Wegen zwischen den einzelnen Tagungsorten.

Am schönsten waren die Fahrten vom Flughafen zur Bremer Landesvertretung, da eine Mitarbeiterin mich meistens mit ihrem Fiat 500 abholte und wir etwas plaudernd bei sonnigem Wetter den Fahrtwind genießen konnten. Ich nutzte diese Treffen auch, um in der eigenen kleinen Landesvertretung mit den sehr engagierten Kolleg:innen über die vielen aktuellen europäischen Themen zu diskutieren. Es war immer eine hochkompetente Runde mit viel Input in kompakter Form.

Beim Ausschuss der Regionen haben alle Länder eine eigene nationale Delegation über alle Parteigrenzen hinweg, auch um ihre übergeordneten Interessen zu entwickeln und gestärkt in die Diskussionen einzusteigen. Einige Länder sind besser organisiert, und gerade wenn es um Posten und Einflussmöglichkeiten geht, sind sie über die Parteigrenzen solidarisch aufgestellt. Als bei mir angefragt wurde, ob ich die deutsche Delegation leiten könne, war mein Team erst nicht begeistert, da wir eh einen so engen Personalschlüssel hatten, dass diese Aufgabe noch zusätzlich den Rahmen sprengen würde. Nach einigen Diskussionen haben wir uns dann aber doch dazu entschlossen, und die zuständige sehr erfahrene Kollegin hat diese Aufgabe mit sehr viel

Leidenschaft und Herz wunderbar übernommen. So bekam das kleinste Bundesland den Vorsitz der deutschen Delegation übertragen, und es war mir eine große Ehre, die gemeinsamen Sitzungen und die Gespräche mit hochrangigen Gästen aus den europäischen Organen zu leiten. Als kleines Dankeschön aus Bremen gab es immer eine »Senatskonfitüre«, die dadurch wirklich auf vielen Frühstückstischen gelandet ist.

Besonders interessant fand ich, dass wir als kleinstes Bundesland von den großen Bundesländern so akzeptiert waren und sogar manchmal in Streitigkeiten eine ausgleichende Position einnehmen konnten, da wir wenig eigene Interessen hatten. So zeigt es sich immer wieder, dass gerade diese Unterschiedlichkeit, also Diversität, eine wirkliche Stärke sein kann.

Dabei gibt es auch inhaltlich bereits viel, um die europäische Vielfalt zu fördern und Europa insgesamt mehr zusammenwachsen zu lassen. Ich will jetzt nicht die gesamte Entwicklung der EU darstellen, aber mir ist wichtig, dass es früher einen Anspruch auf eine sogenannte »positive Integration« gab, das heißt, wir nehmen das beste Beispiel aus den Mitgliedsländern und übertragen es auf alle Länder, gerade im Bereich Arbeitsbedingungen. Davon haben die Frauen in der EU sehr profitiert, was Mutterschutz, Arbeitsbedingungen und Entlohnung angeht. Leider wurde dieser Gedanke irgendwann in eine »Mindest-Integration« verändert. Das führte dazu, dass nicht die besten Bedingungen, sondern das Minimum von Bedingungen »Maßstab« wurde. Trotzdem gab es auch positive Entwicklungen in der Zeit, die ich mitverfolgen konnte, so der Ausbau von Erasmus, die Einführung eines europäischen »Interrail-Tickets« und die Vereinfachung von sozialer Absicherung innerhalb der EU. Zu diesen Themen und dem Thema des fairen Handels sowie einer europäischen Entwicklungszusammenarbeit habe ich mich besonders engagiert.

Europa ist meine Sehnsucht und Hoffnung und gleichzeitig meine Angst. Denn die Menschen, die soziale Säule der Länder, haben nicht die gleichen Ausgangsbedingungen.

Gleicher Lohn für gleiche Arbeit am gleichen Ort – dieses einfache Prinzip der EU-Richtlinie müsste zügig umgesetzt werden. Und als Sozialdemokratin finde ich weiterhin einen Mindestlohn in ganz Europa notwendig. Es klingt fast utopisch, aber es wäre gut, wenn in diesen Zeiten keine Mindeststandards, sondern die besten Standards und eine soziale Sicherung für alle in der EU Realität wären.

Ein anderes europäisches Thema, das mich besonders in den letzten Jahren beschäftigt hat, ist die Frage, wohin sich die Europäische Union insgesamt entwickelt. Wie kann es gelingen, die Regionen zu festigen und die Bürger:innen stärker mit ihrem Europa zu verbinden? Als bekennende Föderalistin würde ich mich freuen, wenn der föderale Gedanke in Europa wächst und sich die Organe, Parlament, Rat und Kommission noch präziser in eine föderale Struktur weiterentwickeln.

Ein anderes, immer noch aktuelles Thema ist der »Green Deal« der EU. In aller Kürze, worum geht es beim sogenannten Green Deal eigentlich? Um die globale Erderwärmung auf möglichst unter 1,5 Grad Celsius zu begrenzen, müssen die EU und ihre Mitgliedstaaten konkrete Maßnahmen beschließen und die Ausgaben der EU an den Klimaschutzzielen ausrichten. Das Ziel einer treibhausgasneutralen Weltwirtschaft bis 2050 sowie eines gestärkten europäischen Energiebinnenmarktes soll durch intelligente Investitionen in Stromnetze für erneuerbare Energien und einen transeuropäischen Netzausbau erreicht werden. Da wir 2024 im Mai Wahlen des Europäischen Parlaments haben, ist es besonders wichtig, die Parteien zu unterstützen, die genau diese Ziele weiter verfolgen.

Alle EU-Institutionen sollten zukünftig mit noch mehr Relevanz für Nachhaltigkeit und Klimaschutz die getroffenen Vereinbarungen zu den globalen Nachhaltigkeitszielen und dem Klimavertrag von Paris erfüllen.

Im Umgang mit Kunststoffabfällen und Meeresverschmutzung kann es keine nationalen Lösungen geben. Daher ist die im September 2018 angenommene Kunststoffstrategie der EU ein wichtiger Schritt hin zu einer europäischen Lösung. Langfristig müssen Kunststoffabfälle global reduziert werden, indem die Plastikproduktion vermindert sowie verstärkt recycelt und wiederverwendet wird.

Meiner Meinung nach hat die Europäische Union nach wie vor die Möglichkeit, weltweit ihrer Vorreiterrolle im Umwelt- und Klimaschutz weiter gerecht zu werden, um das Artensterben zu beenden und bis spätestens 2050 CO_2-Neutralität zu erreichen.

Das klingt alles differenziert und klar, muss aber nun wirklich forciert werden. Dabei haben wir das Gefühl, dass uns die Zeit wegläuft, um wirklich noch umzusteuern. Währenddessen frage ich mich, was in einer demokratischen Staatsstruktur, die wir kennen und die wir hier in Deutschland mit Bürger:innenbeteiligung und ausdifferenzierten Bedürfnissen entwickelt haben, was wir hier in dieser Form wirklich hinbekommen. Ich bin durch und durch gelebte Demokratin und spüre in solchen Situationen die Ungeduld vieler Bürger:innen, da die Politik nicht liefert. Es gibt eine Tendenz, die sich eher eine autokratische Ökogesellschaft wünscht als eine umfassende Befassung mit allen Gesichtspunkten, die dazugehören. Wollen wir eine autokratische Ökogesellschaft?

Die zunehmende Radikalität und Verbitterung, diese Empörung bereitet mir persönlich immer mehr Sorge. Natürlich habe ich mich seit meinem 18. Lebensjahr schon mit Umweltschutz, Verklappung der Meere und Baumsterben beschäftigt, und natürlich sorge ich mich, ob es gelingt, unseren Planeten zukünftig zu bewahren, aber die Emotionalität, mit der häufig argumentiert wird, und die Haltung: »Ihr müsst dafür sorgen«, oder, ganz abstrakt, die Politik soll das machen, ist meiner Meinung nach nicht konstruktiv und zu aggressiv. Dabei meine ich übrigens nicht die jungen Leute, die können ruhig etwas radikaler sein und zuspitzen, aber wir Erwachsenen sollten konstruktiver, aktiver und verantwortlicher handeln und fordern.

Nachhaltiges Leben – wie geht das?

Der faire Handel in einer fairen Welt hat mich meine gesamte politische Zeit sehr beschäftigt. Schon als Pfadfinderin war das Thema von fairer Weltordnung, Umgang mit dem globalen Süden und weltweite Solidarität bei mir im kirchlichen Kontext ein Thema. Heute hört sich das ziemlich alt und verstaubt an, dabei ist es immer noch sehr aktuell und ein Bereich der Agenda 2023, also der sogenannten SDGs. Acht Jahre sind schon vergangen und sieben Jahre haben wir noch Zeit, bis die Agenda 2030 der Vereinten Nationen weltweit umgesetzt sein soll. Diese 17 Ziele für eine bessere Welt sind heute wichtiger denn je!

Durch die enormen Veränderungen, die wir vor allem in der Pandemie erlebt haben, wird deutlich, wie sehr wir eine globale Verantwortung und Solidarität brauchen.

Wie schaffen wir es, zum einen vor Ort für einen guten Gesundheitsschutz, ein positives Klima und eine gute Umwelt, eine gute Bildung und ein faires Wirtschaften zu sorgen und dies andererseits nicht auf Kosten anderer umzusetzen? Die verschiedenen Ebenen der Regionen und Kommunen, der nationalen Länder, der Kontinente und Staatengemeinschaften müssen intensiv zusammenarbeiten, damit es gelingt, eine positive Zukunft für uns alle zu entwickeln.

Es gibt und gab in den letzten Jahren eine zunehmende, berechtigte Empörung, teilweise sogar Wut und Aggressionen, dass es nicht so schnell geht. Andere erkennen die notwendigen Herausforderungen, aber trotzdem fühlen wir uns ohnmächtig und handeln häufig selbst anders, als es unser (Ge-)Wissen sagt.

Warum?

Wollen wir uns nicht einengen lassen, oder ist das Leben, das wir jetzt führen, einfach zu schön, um es zu ändern? Ist eine nachhaltige Entwicklung gleichzusetzen mit Reduzierung der Lebenswünsche? Haben wir Angst, dass gerade unsere emotionalen Bedürfnisse nach Quatsch und Irrationalität verboten werden?

Zum Jahreswechsel 2021 gab es eine erregte Diskussion um öffentliches Feuerwerk. Es stimmt, dass das Abbrennen von Feuerwerkskörpern Feinstaub erzeugt und die Luft dadurch schlechter wird. Es stimmt auch, dass es eine hohe Lärmbelästigung ist – in dem Moment, in dem es am Himmel erscheint. Deshalb wird es ja auch nach alten Traditionen abgefeuert, um die bösen Geister zu vertreiben. Jetzt soll nicht mehr geknallt werden. Ich glaube, dass es für viele kein Problem ist, aber dass es trotzdem ein trauriges Gefühl hinterlässt, einmal im Jahr nicht mehr kindlich und irrational zu sein, zu knallen ... Was tun wir also gerade? Neben dem richtigen Verhalten für das Klima und die Umwelt versuchen wir nicht, mögliche Alternativen oder Kompromisse zu entwickeln, die eventuell nicht umweltbelastend sind, sondern wir verbieten es! Es gab keine öffentliche Diskussion darüber, wie man alle Bedürfnisse zusammenbringen kann, sondern es gibt nur ein Ja oder Nein. Das ist meiner Meinung nach zu wenig.

Ein anderes Beispiel sind die Halleröfen und Kamine, die wir alle so lieben. Auch hier geht es um Feinstaub und um ein emotionales Gefühl von Gemütlichkeit und Wärme. Eigentlich dürften wir keine privaten Kamine und Halleröfen mehr haben, aber es ist so schön gemütlich, also schauen wir da vielleicht nicht so hin ...

Kann es ein redliches Leben wirklich geben, oder überfordern wir uns da selbst? Wir sehen ein Problem. Wir wissen von vielen Problemen. Wir nehmen Dinge wahr. Sei es eine Schlagzeile, eine Diskussion in sozialen Netzwerken oder weil wir persönlich jemanden treffen oder kennen, der oder die direkt betroffen ist. Das persönliche Erleben wird zum Maßstab der politischen Lösung und dem Wunsch nach schneller Veränderung oder Hilfe von anderen. Liegt es an den sozialen Medien, dass wir so sehr vom Privaten zum Gesellschaftlich-Politischen rutschen, keine Geduld haben und keine Kompromisse mehr machen wollen? Sind es strukturelle Veränderungen oder persönliche, die eine Wirkung entfalten? Wie geht eine gemeinsame Veränderung, die nicht in gegenseitigen Vorhaltungen endet und am Ende alle frustriert?

Ich wünsche mir eine faire, gerechte, emanzipierte und gesunde Weltgemeinschaft, aber bei allem guten Willen und den notwendigen Mehrheiten. Damit es demokratisch ist und nicht autoritär, braucht es leider Zeit, gesellschaftliche Mehrheiten und ein Vertrauen, dass die Veränderung richtig und gut ist und uns nicht bedroht. Das setzt Engagement, Diskussionen und Zeit voraus, die wir alle manchmal nicht bereit sind, zu opfern.

Ich glaube, wir brauchen auch Irrationales und Dinge, die nicht ganz korrekt sind, oder wir brauchen auf jeden Fall mehr Lösungen, die die verschiedenen Erwartungen, Ansprüche und Wünsche verbinden. Bolleröfen und Feuerwerk, das CO_2-neutral ist, brauchen wir genauso wie

Flugzeuge und Autos. Wir müssen die Dinge, die nicht gut sind, nicht verbieten, sondern so weiterentwickeln, dass wir den Spaß und die Freude nicht verlieren und Lösungen für alle finden. Das ist meine Meinung, und ich weiß, dass viele anders darüber denken, und da fängt es an: Lasst uns diskutieren und versuchen, gemeinsam Lösungen zu entwickeln.

Nun hat sich diese schwierige Veränderungsstimmung, die der einen nicht schnell genug und der anderen als nicht notwendig vorkommt, nochmals dynamisiert. Plötzlich gab es in Deutschland einen Lockdown infolge der Covid-19-Pandemie, und sehr viele Selbstverständlichkeiten und Gewohnheiten konnten von einem auf den anderen Tag nicht mehr gelebt werden. Im Jahr 2020 haben wir radikal eine neue Erfahrung mit einem reduzierten Leben erfahren. Was für Schlüsse ziehen wir daraus? Geht es uns besser, und fühlen wir uns wohler?

Ich glaube, es ist sehr zwiespältig und hängt davon ab, wie wir bislang gelebt haben. Leben wir in beengten Wohnverhältnissen und mit kleinen Kindern, war es sicherlich – gelinde ausgedrückt – eine riesige Herausforderung, die unerwarteten Bedürfnisse im privaten Umfeld zu erfüllen. Kein geregelter Tagesablauf mit Kita, Schule, Büro und Sportstudio! Die große Sorge über die Gesundheit und die ökonomischen Verhältnisse hat viele sehr getroffen und führte zu einer großen Verunsicherung. Wer einen Garten oder Balkon hatte, konnte das Frühjahr und den Sommer schon mehr genießen und ist vielleicht stärker zur »Besinnung« und Ruhe gekommen. Wer in Deutschland oder in Europa lebt, hatte die Sicherheit, dass es eine gesundheitliche Versorgung gibt. Und gerade das Instrument der Kurzarbeit hat uns gezeigt, wie gut und privilegiert wir in Deutschland leben und arbeiten – wir sind reich!

Persönlicher Verzicht kann nicht das Ziel einer nachhaltigen Entwicklung sein. Es hat etwas Reduzierendes und auch Beängstigendes. Meine Vorstellung von einer besseren Welt ist nicht der Verzicht. Ich möchte mich nicht einengen und die Vorteile, die ich habe, aufgeben. Ich möchte auch nicht, dass andere Menschen, insbesondere die, die weniger haben, dass Gefühl bekommen, sie müssen für eine bessere Zukunft verzichten. Diejenigen, die glauben, dass der Verzicht die Grundlage für eine bessere Welt ist, haben vielleicht wirklich zu viel. Das ist ein sehr elitäres Herangehen, was mich auch bei der grünen Partei und ihrer Argumentation immer stört.

Homeoffice, Digitalisierung, Konsum, Mobilität und auch Vergnügungsreduzierung hat dazu geführt, stärker nachhaltig und bewusst mit sich zu leben und zu verzichten. Aber macht es uns glücklicher? Ich vermisse vieles ...

Juli Zeh hat eine Gesellschaft in ihrem Roman »Corpus Delicti« gezeichnet, die autokratisch und umfassend überwachend – ähnlich wie bei George Orwell in dem Roman »1984« – ist, eine beängstigende Form der kontrollierten Diktatur. Wollen wir uns wirklich zu einer solchen Gesellschaft entwickeln? Trifft hier nicht eine Klimaschutzbewegung mit einem autokratischen Gesellschaftsdenken zusammen? Was ist eine autokratische, vollkommene Gesellschaft? Wie viel Selbstbestimmung und Freiheit des Einzelnen möchten wir uns zukünftig gestatten?

Vielleicht bin ich in meinem Herzen da doch eine Rheinländerin oder Französin, aber ich kann mit einer rigiden, »calvinistischen«, gegenseitig beobachtenden und denunzierenden Gesellschaft nichts anfangen. Das ist jetzt natürlich überzeichnet und meint nicht, lass uns im Vergnügen alles tun, was uns gerade Spaß macht, aber so eine große Veränderung braucht eine positive Vision von persönlicher Entfaltung, Freude und Genuss. Wie gelingt das, und zwar für alle gleich?

Es muss eine Möglichkeit der Mobilität, der Freiheit, zu essen, was man möchte, der Selbstbestimmung und des Experiments und auch der »Sünde« geben.

Begonnen hat es mit dem Rauchverbot. Natürlich freue ich mich auch, dass nicht mehr in Autos, Zügen, Büros und Sitzungszimmern geraucht wird. Ich selbst habe als Kind hinten im Auto unangeschnallt gesessen, und mein Vater hat vorne selbstverständlich geraucht. Es muss ein Recht auf gesundes Leben geben. Aber alles muss ein akzeptiertes Maß haben.

Ich denke, es bietet sich gerade jetzt eine Riesenchance für uns, unsere Gesellschaft weltweit zu einer stärkeren Diskussion und Umsetzung der Agenda 2030, also den 17 Zielen für eine bessere Welt, zu bewegen, als wir bislang erreicht haben. Nun werden auch die Folgen einer globalen Wirtschaft und Mobilität noch viel deutlicher! Wie sehr wir miteinander verbunden sind, hat die Covid-19-Pandemie deutlich gezeigt.

Also, nur eine Reduzierung bringt uns insgesamt nicht weiter, sondern eine bewusste Umsteuerung der bisherigen weltweiten Möglichkeiten mit einer ökologischen, sozialen und ökonomischen Neuausrichtung.

Dabei müssen wir leider sehr komplex alle Auswirkungen noch stärker bedenken, wenn wir die 17 Ziele für eine bessere Welt wirklich erreichen wollen. Es sind manchmal kleine Dinge, die aber weltweit große Auswirkungen haben, so zum Beispiel der Tourismus. Wenn wir nicht mehr reisen, bedeutet das, dass wir einander nicht mehr kennenlernen, weder andere Kulturen und Menschen noch Länder. Es bedeutet auch, dass sehr viele Arbeitsplätze in den Reiseländern wegfallen und zu einer verstärkten Arbeitslosigkeit und Armut führen.

Was können wir nun tun? Wir können den »Neustart« in die Wege leiten, um den schon vor der Covid-19-Pandemie bestehenden berechtigten Veränderungswünschen nach einem fairen, klimaneutralen Leben schnell gerecht zu werden. Zum Beispiel hat Air France staatliche Mittel unter der Bedingung bekommen, dass die gesamte Flotte klimaneutral umgerüstet wird.

In Deutschland haben wir nun das Lieferkettengesetz eingeführt, das einen wichtigen Rahmen für einen fairen Handel bildet. Es war die Chance, die einzelnen Schritte der Produktion und Logistik neu, also fair, zu gestalten.

Kreislaufdenken – was ist das?

Was sind mittelfristig und langfristig die entscheidenden Herausforderungen oder welche Hebel müssen wir wann und wo ansetzen?

Ich denke, es ist wichtig, die Verzahnung in dieser globalen Welt im Blick zu behalten. Auch das Lieferketten-Gesetz unterstützt ein solch wichtiges Kreislaufdenken. Bei einer nachhaltigen Entwicklung bedingt alles alles! Alles ist miteinander verbunden und muss mitbedacht werden. Wenn in China ein Sack Reis umfällt, dann betrifft das auch uns! Man muss Zusammenhänge sehen und an ihnen ansetzen, um in den Strukturen etwas zu verändern. Das ist die große Kunst des komplexen Denkens und der wirklichen strukturellen Veränderung – hier einige Beispiele:

Frauen kümmern sich mehrheitlich nicht nur um die eigene, sondern auch um die Ernährung ihrer Kinder und Familie gesamt. Es wäre ganz einfach, wenn jedes Kind auf der Welt, das in die Schule geht, ein Päckchen Reis mit nach Hause nehmen kann. Dadurch würde es für die Familie einen Anreiz geben, ihre Kinder in die Schule zu geben, und die mühsame, gerechte Verteilung von Reis oder anderen Grundnahrungsmitteln könnte darüber »günstig« organisiert werden.

In Afghanistan hat der Bremer Verein »iawa« von Laila Noor in der Vergangenheit Großes geleistet, da er viele Schulen außerhalb von Kabul besonders für Mädchen aufgebaut hat. Ich habe dieses Projekt und das unglaubliche Engagement von Laila Noor immer sehr gern unterstützt, zum Beispiel mit Modenschauen in der Bremer Landesvertretung in Berlin. Es ist tragisch, dass diese wichtige und erfolgreiche Arbeit nun so einen Rückschlag erlitten hat.

Nachhaltig zu denken, bedeutet aber auch, Ressourcen zu schonen und zum Beispiel Kleidung nicht wegzuschmeißen, sondern lieber wieder in den Kreislauf zu geben. So zum Beispiel in den Second-Hand-Handel. Heute sind diese Formen der Nachhaltigkeit fast selbstverständlich, vor 20 Jahren waren es noch Exoten. Ich habe die Idee Second-Hand schon immer sehr gemocht und früh angefangen, Kleidung zu kaufen und wieder zu verkaufen. Heute freut es mich, dass es noch mehr Möglichkeiten gibt, nachhaltig zu konsumieren, und dass meine Töchter, die das früher teilweise eher befremdlich fanden, im Second-Hand-Laden zu kaufen, das nun auch cool finden.

Als Einzelhandelstochter bin ich sehr strikt mit dem Online-Shopping. Ich liebe das Bummeln in den Geschäften und die Atmosphäre in der Bremer Innenstadt. Selbstverständlich bin ich traurig, wenn Geschäfte schließen, aber ich finde, es ist doch unsere »Pflicht«, vor Ort einzukaufen und nicht im Netzt zu shoppen und sich dann zu wundern, dass die kleinen inhabergeführten Geschäfte nicht mehr überleben können. Ich freue mich, dass meine Kinder noch mit Eisdiele, Spielwarengeschäft und Bäcker aufgewachsen sind und auch gelernt haben, sich vor Ort aus dem Sortiment etwas auszusuchen. Es gruselt mich, dass die Innenstädte immer leerer werden und die Paketzusteller immer mehr zu tun bekommen. Das geht mir übrigens mit den Cafés und Restaurants auch so. Bei allen Möglichkeiten, die das Internet bietet, würde ich nicht auf die Idee kommen, mir regelmäßig mein Essen bringen zu lassen, sondern ich freue mich, dass es im Bremer Viertel so ein gutes Angebot von Lokalen, Kiosken und Bars gibt.

Nachhaltigkeit bedeutet, in Kreisläufen zu denken und ein Verständnis davon zu bekommen, dass alles miteinander zu tun hat! Konkret sollen alle drei Dimensionen (sozial, ökonomisch, ökologisch) der Nachhaltigkeit beachtet, aufeinander bezogen, reflektiert und integriert werden. Das schafft mehr Gerechtigkeit der Geschlechter, der Generationen, des sozialen Zusammenhalts und damit eine höhere Lebensqualität und Wahrnehmung internationaler Verantwortung.

Hilfe – es ist einfach zu viel! Strategien und Wege aus der Krise

Wenn wir uns etwas mit der Tiefe der einzelnen Herausforderungen beschäftigen und erkennen, wie alles zusammengehört, dann spüren wir schnell Überforderung. Wir bekommen Angst, dass das doch alles gar nicht zu schaffen ist. Es gibt einfach zu viele Probleme, und wer soll sie alle lösen? Die Politik? Abstrakt und für uns alle?

Durch die Medien erleben wir die Komplexität immer stärker, da wir nicht nur unseren eigenen überschaubaren Lebensbereich wahrnehmen, sondern auch die regionale und nationale Nachbarschaft und sogar die globalen Probleme.

Hans-Dietrich Genscher hat einmal treffend formuliert, dass wir früher unter internationaler Nachbarschaft die direkten Grenzen und Nachbarn gesehen haben. Heute, in einer verbundenen globalen Welt, gibt es diese direkte Nachbarschaft nicht mehr, und so werden weltweite Konflikte auch unsere Konflikte. Wir können diese Konflikte nicht mehr so gut verdrängen. So erleben wir seit

Jahren den Bürgerkrieg in Syrien und die instabile Situation in Afghanistan oder die Entwicklungen des afrikanischen Kontinents oder Chinas mit sehr unterschiedlichen Gefühlen.

Und jetzt ist nicht nur Russland mit seiner Aggression gegenüber der Ukraine, sondern auch noch der heftige Terroranschlag in Israel hinzugekommen, der nicht zu einer friedlichen Lösung für Palästinenser:innen und Israelis führen wird. Ebenso unerträglich ist die staatliche Aggression gegenüber Frauen im Iran ... Ich verstehe es nach wie vor nicht!

Entweder verdrängen oder sich schuldig und ohnmächtig fühlen. Wie kann man damit bloß irgendwie vernünftig umgehen?

Wir müssen delegieren und Vertrauen haben zu denen, die sich darum kümmern, also auch zu unseren politischen Vertreter:innen. Wir müssen uns solidarisch zeigen, wenn es Möglichkeiten gibt, ob als Verbraucher:innen oder als Bürger:innen! Ich selbst habe bei mir immer gemerkt, dass es mir besser geht, wenn ich etwas aktiv tue. Und da war mein Engagement in meinem bisherigen Leben sehr unterschiedlich, ob als Pfadfinderin, im Ausbildungspersonalrat und bei der Gewerkschaft oder hauptberuflich als Sozialarbeiterin, Frauenbeauftragte oder Abgeordnete und Staatsrätin. Wichtig ist das

Nachdenken, wie wir etwas machen und dass wir, egal ob beim Einkauf, am Arbeitsplatz, im Studium oder in der Ausbildung, in der Schule oder auch im Freizeit- und Freundeskreis sagen, wenn wir etwas nicht okay finden und uns einsetzen, für eine bessere Welt für alle! Jeder einzelne noch so kleine Schritt hilft, aber die großen Strukturen sind am Ende das Entscheidende, und deshalb ist es wichtig, sich zu organisieren, ob in Parteien, Gewerkschaften, NGOs oder Vereinen.

Natürlich könnte man auch nach dem Verursacherprinzip vorgehen. Wer was verschuldet hat, sollte sich jetzt darum kümmern, dass es wieder besser wird. Ich habe während vieler Proteste und in Gesprächen mit Bürgerbewegungen diese Sichtweise gehört und ebenso die Vorstellung, dass sich Politik darum kümmern muss! Dabei stimmt natürlich nur zum Teil, dass es die Aufgabe von politischen Gruppen, Parteien, Abgeordneten und Regierungsmitgliedern ist, sich um die Probleme zu kümmern. Allerdings geht das nicht immer von alleine, und außerdem sollte man etwas differenzierter oder – anders gesagt – nicht so pauschal eine Forderung benennen, da sie dann häufig nicht wirklich aufgenommen wird. Das heißt konkret, es hängt nicht allein von der Politik ab, sondern die erste Frage ist, welche Partei oder Abgeordnete einer Partei erreiche ich mit meinen Forderungen, wo gibt es Schnittstellen und gemeinsame Interessen? Je konstruktiver eine Forderung formuliert wird, desto wahrscheinlicher ist es, dass sie gehört wird.

Wenn es um pauschale, häufig sehr allgemeine Forderungen geht, geht es meistens nicht wirklich um eine Verbesserung, sondern um aufgestauten Frust und eine moralisch-emotionale Äußerung, bei der gar nicht erwartet wird, dass jemand sie aufnimmt und ernst meint. Abgeordnete und Regierungsvertreter:innen brauchen aber konstruktive Hinweise und Forderungen, um ihre eigenen Themen weiter voranzubringen.

Eine Demo mit der Forderung von fairem Handel in der öffentlichen Beschaffung, um ein Beispiel zu nennen, hilft auch bei der Meinungs- und Mehrheitsbildung im Parlament und in der Regierung.

Gut ist es, wenn es konstruktiv ist und konkrete Forderungen gestellt werden, die umsetzbar sind, ob kurz-, mittel- oder längerfristig. Dann ist auch bei einer außerparlamentarischen Aktivität besser zu kontrollieren, was sich tut und wer sich wirklich dafür einsetzt. Es geht nicht um Schuldfragen, sondern um die Frage: Wer löst diese ganzen Herausforderungen denn nun für uns?

Eine Person oder kleine Gruppe schafft das nicht, sondern viele müssen aktiv bleiben und sich immer wieder gegenseitig unterstützen.

Fortschrittliche Politik entwickelt sich nicht von alleine und braucht einen Schulterschluss zwischen den verschiedenen Ebenen der Willensbildung, also außerparlamentarische Bewegung, Abgeordnete in den Parlamenten, Verwaltungsbeamt:innen, Wissenschaftsexpert:innen und Regierungsmitglieder, ob Staatssekretär:innen oder Minister:innen. Hilfreich ist dabei eine gute Pressearbeit, damit die Arbeit auch sichtbar wird. Nur zu delegieren und zu fordern, führt häufig zu Frust und bringt nichts!

Was hilft, ist eine realistische Einschätzung der eigenen Möglichkeiten. »Wenn ich etwas mache, dann ändert es sowieso nichts« ist eine Äußerung, die ich oft gehört habe. Deshalb ist es gut, wenn wir uns organisieren und Leute finden, die sich für die gleichen Themen interessieren und Lust haben, sich zu engagieren.

Ich habe mich mein ganzes Leben in verschiedenen Organisationen und Gruppen politisch engagiert, bevor ich in eine Partei eingetreten bin und angefangen habe, hauptamtlich politisch aktiv zu werden. Ich war Mitglied im Stadtjugendring als Jugendliche, engagiert bei den Pfadfindern, habe Frauenstreiks organisiert und mich gegen Rassismus in Aktionsgruppen engagiert. Es gab viele Möglichkeiten, und eigentlich haben sich immer alle gefreut, wenn jemand kam und mitmachte. Also schauen, was es für Gruppen in der Nähe gibt und mal hingehen und prüfen, ob es passt – auch menschlich!

Was bekomme ich für mein Engagement – die Frage der Bezahlung. Der Mensch möchte für Veränderungen häufig belohnt werden – oder jedenfalls einen schnellen Erfolg erleben. Aber der Lohn ist nicht unbedingt sichtbar, gerade wenn es darum geht, etwas zu verhindern, oder er wird erst später sichtbar, manchmal sogar erst in den kommenden Generationen. Vielleicht erlebe ich die Veränderungen nicht mehr selbst, oder meine Kinder profitieren nicht davon, dass es eine Veränderung in der Bildung gibt.

Ein wirklich großes Problem ist aber auch, dass der Erfolg einer Idee oder Initiative nicht persönlich anerkannt wird. Das heißt, ich habe eine Idee und spreche darüber mit anderen, und die finden die Idee super. Dann macht man sich auf den Weg, das Ziel umzusetzen, und auf einmal ist da jemand anderes, der den Erfolg für sich deklariert, oder andere stehen vorne und werden gelobt für die Idee und das Engagement.

Ich behaupte, das passiert gerade vielen Frauen in der politischen Arbeit. Sie sind Motor und Ideengeberinnen, und wenn es erfolgreich zu werden scheint, kommen viele Herren und springen mit auf. Das nervt natürlich und führt häufig zum Rückzug, da man sich ja auch nicht nach vorne schieben will.

»Wenn du ein Schiff bauen willst, beginne nicht damit, Holz zusammenzusuchen, Bretter zu schneiden und die Arbeit zu verteilen, sondern erwecke in den Herzen der Menschen die Sehnsucht nach dem großen und schönen Meer.« Man sollte also schlau und überlegt vorgehen. Wie gelingt eine gesellschaftliche Durchdringung und wirkliche Veränderung? Die gesellschaftliche Akzeptanz des Themas muss zuerst erreicht werden.

Natürlich gibt es den Wunsch nach schnellen und unkomplizierten Veränderungen. Selbstverständlich ist es ärgerlich, dass viele Veränderungen zu lange dauern, gerade wenn es um strukturelle gesellschaftliche Veränderungen geht. Ich würde mir auch wünschen, dass alle schon immer auf mich gehört hätten und wir nun in einer selbstbestimmten, freundlichen, gleichen, diskriminierungsfreien, friedlichen und wohlhabenden Welt leben würden.

Ich glaube immer noch daran, dass das möglich wäre, wenn wir diskriminierende Strukturen auflösen würden. Das geht aber nur, wenn alle beziehungsweise viele davon überzeugt sind.

Wie gelingt es, jetzt eine bessere Welt zu gestalten? Vieles ist bekannt in der Theorie. Viele Konzepte sind in der konkreten Entwicklungszusammenarbeit bereits erprobt. Globale Steuerung ist notwendig!

Wie weit sind wir wirklich, und wie kann es erfolgreich werden?

Das Problem der verschiedenen Ebenen (international bis regional) und das Problem der mangelnden Vernetzung stehen einem Gelingen manchmal entgegen. Dabei sollte die digitale Welt genügend Chancen bieten, um Klarheit und Organisation zu schaffen. Aktive Bürgerinnen und Bürger könnten sich beteiligen und wären der Motor für echte Veränderungen. Es ist eine gemeinsame Verantwortung aller – eine strukturelle Verantwortung.

Weltweite autoritäre Entwicklungen und eine hassgesteuerte, vor allem männliche Politik bedrohen uns. Um in einer guten Welt zu leben, müssen wir alle gesellschaftlich Verantwortung übernehmen und einander vertrauen. Viele machen das schon seit Jahrzehnten, aber es wird immer spürbarer, dass sich die Zeiten ändern. Wir nehmen die Konflikte immer intensiver wahr und sie rücken immer näher. Dabei hilft es nicht, wenn wir uns gegenseitig mit Vorwürfen begegnen – wir müssen uns gegenseitig unterstützen.

Die 17 Ziele für eine bessere Welt bieten eine sehr gute Grundlage. Beschlossen 2015 und gültig bis 2030!

17 Ziele für eine bessere Welt – mehr bedarf es eigentlich nicht!

Die Agenda 2030 für nachhaltige Entwicklung, die am 25. September 2015 beim Nachhaltigkeitsgipfel der Vereinten Nationen in New York von Staats- und Regierungschefs verabschiedet worden ist, könnte wirklich einen Meilenstein für unser persönliches, aber auch unser globales Zusammenleben darstellen.

Diese Agenda der 17 Ziele für eine bessere Welt, die bis 2030 umgesetzt werden soll, gilt – anders als frühere Programme zur nachhaltigen Entwicklung – gleichermaßen für Industrieländer, Schwellen- und Entwicklungsländer. Also universell für alle Staaten auf unserem Globus.

Eines der Ziele ist es, innerhalb einer Generation die extreme Armut weltweit zu beenden. Ein anderes Ziel (Ziel 10) will, dass das Leben, Arbeiten und Wirtschaften überall gerechter gestaltet wird. Konkret heißt das, dass es zwischen den Staaten sowie innerhalb der Staaten zu mehr Gerechtigkeit kommen soll.

Bürgerbeteiligung und Dialoge sowie Zukunftswerkstätten sind ein unumgängliches Muss, damit es gelingen kann.

Städtepartnerschaften müssen genutzt werden, um sich europäisch und global zu vernetzen und einen umsichtigen Blick zu erhalten. Grundsätzliche Strukturen sind zu verändern, um grundlegende Veränderungen sicherzustellen. Ein digitaler Haushalt für die nachhaltige Entwicklung ist hierzu auf jeden Fall nützlich.

Seit Jahren oder besser seit Jahrzehnten sind die Herausforderungen für Deutschland und die Welt bekannt. Die Agenda 2030 spricht also keine neuen Themen an.

Es freut mich außerordentlich, dass es in der jetzigen Bundesregierung direkt im Bundeskanzleramt eine Staatsministerin für Nachhaltigkeit gibt. Sarah Ryglewski ist dazu Bremer Bundestagsabgeordnete und eine engagierte Frau, die jede Herausforderung in ruhiger, aber beständiger Weise angeht. Ich kenne Sarah noch als Kollegin aus der Bremischen Bürgerschaft, und es freut mich, dass dieses wichtige Thema, mit dem Bremen sich schon früh beschäftigt hat, jetzt in einer Bremer Hand auf Bundesebene liegt. Ich freue mich, dass die jetzt kurz geschilderten Erfahrungen, wie wir in Bremen die Umsetzung der

SDGs (Sustainable Development Goals) begonnen haben, nun auf den anderen Ebenen, nämlich Bund, Europa und International, richtig angekommen sind.

Es ist wenig Zeit, aber das Engagement ist nicht zu unterschätzen, und so freue ich mich auch, dass es ab nächstem Jahr in unserer »Schwesterstadt« Hamburg – immerhin im Norden – eine große internationale Nachhaltigkeitskonferenz geben wird, die dann wohl jährlich wiederholt werden soll. Doch nun zu den kleinen Anfängen:

Das kleine Land Bremen als »Mikrokosmos mit Stadtmusikanten-Verantwortung« könnte als Beispiel für ein Gemeinwesen, eine Stadt und ein Land, für andere Gemeinden, Städte und deutsche Länder herhalten. Wir kennen uns hier gut aus, deshalb nutzen wir unsere Erfahrungen exemplarisch für andere. Der Bremer Senat, also die hanseatische Regierung des Zwei-Städte-Staats, hat im März 2015 keine Nachhaltigkeitsstrategie, aber sogenannte entwicklungspolitische Leitlinien beschlossen.

Dieser Beschluss fand vor der Beschlussfassung in New York im September 2015 statt und nimmt schon dort als entwicklungspolitische und internationale Verantwortung die 17 Ziele mit auf! Damit war

Bremen mal wieder als Vorreiter aktiv. In den entwicklungspolitischen Leitlinien bekennt sich der Senat dazu, seine entwicklungspolitischen Aktivitäten an den 17 Zielen für eine bessere Welt auszurichten und sie damit zu verbinden.

2018 verpflichtete sich dann die Stadtregierung als sogenannte Zeichnungskommune zu einer umfassenden Verpflichtung der Umsetzung der 2030-Agenda-Resolution des Deutschen Städtetags.

Der Bremer Ansatz beinhaltet eine Verknüpfung mit den internationalen Kontakten, ihren Städtepartnerschaften und einen offenen und bürgernahen Umsetzungsvorgang. Wir wissen zum einen, dass immer mehr Menschen mitmachen wollen, die Welt zu verändern, und wir können zum anderen viel schneller international miteinander in Kontakt treten, ob digital oder auch real.

Der Ausspruch »Global denken und lokal lenken« stimmt immer noch. Es nützt nichts, wenn die verschiedenen Ebenen nicht miteinander korrespondieren.

Im November 2016 und im März 2019 haben die Städte Bremen und Bremerhaven gemeinsam mit allen ihren Partner- und Freundschaftsstädten Konferenzen zur Umsetzung der

17 Ziele ausgerichtet und damit ihr Engagement auf die internationale Ebene getragen. Die Konferenzen dienten dazu, die langjährigen Beziehungen zu unseren internationalen Partnern zu nutzen, um neue Projekte im Sinne der 17 Ziele zu entwickeln und lokale Akteur:innen aus Bremen und Bremerhaven noch besser miteinander zu vernetzen sowie deren Engagement für eine nachhaltige Entwicklung hervorzuheben.

Während der letzten Konferenz im März 2019 lag ein besonderer Fokus auf der Einbeziehung von Akteur:innen der Stadtteilebene. Beiräte, Ortsämter und lokale Initiativen und Organisationen wurden im Vorfeld zur Planung der Konferenz einbezogen und konnten sich mit ihren jeweiligen Projekten und Aktivitäten einbringen. Gleichzeitig waren die Konferenzen Anlass, um die 17 Ziele in eine breitere Öffentlichkeit zu tragen und mit zahlreichen begleitenden Aktionen und Projekten für deren gesamtgesellschaftliche Umsetzung zu werben.

Wie sieht eine nachhaltige Stadt, Gemeinde oder Welt aus? Am Beispiel der Freien Hansestadt Bremen wird in einem Leitbild von »innovativ und nachhaltig und mit stadtwirtschaftlicher Vernunft die Balance zwischen den Zielen ökonomischer, ökologischer und sozialer Entwicklung« (vgl. hier und im Folgenden: Drucksache 19/2176 vom 7. Mai 2019)[1] haltend gesprochen. Als sogenanntes Zieldreieck der Nachhaltigkeit werden folgende zentrale Zielsetzungen benannt: Bremen als eine »grüne Stadt am Wasser mit hohen Erholungs- und Umweltqualitäten«, eine »sozial gerechtere Stadt«, eine »Stadt des exzellenten Wissens«, ein »attraktiver innovativer Wirtschaftsraum mit einem vielfältigen vitalen Arbeitsmarkt«, eine »Stadt in guter Nachbarschaft mit der Region« und eine »Stadt voller Bürgersinn und Sinn für gemeinsam entwickelte Ziele und Projekte«. Dabei wird deutlich, wie komplex und umfassend die Zielsetzungen zu einer nachhaltigen Stadtentwicklung sind.

Wozu braucht es das überhaupt? Um wirkliche Veränderungen anzuregen, zu schaffen

---

1 Im Frühjahr 2019 stellte die FDP-Fraktion der Bremischen Bürgerschaft eine kleine Anfrage mit 31 Fragen an den Senat, um sich über die Agenda 2030 und die Relevanz für Bremen zu informieren. Die Antwort wurde federführend von meinem damaligen Ressort geschrieben und mit den anderen Bremischen Ressorts koordiniert. Diese umfassenden Antworten (Drucksache 19/2176 vom 7. Mai 2019) dienen als Quelle für die folgenden Ausführungen und können sehr gern auch auf der Seite der Bremischen Bürgerschaft im Original nachgelesen werden. Dort finden sich unter den Stichpunkten SDG oder Nachhaltigkeit noch weitere – auch aktuellere – parlamentarische Debatten, Anträge, Anfragen und senatorische Berichte.

und Erfolge wahrzunehmen, braucht es weitgehende Zielsetzungen, die dann in Verwaltungshandeln umgesetzt werden, damit sie konkret werden. Nur dann sind die Veränderungen auch überprüfbar! Ob es nun eine Nachhaltigkeitsstrategie oder ein Leitbild oder die universellen 17 Ziele für eine bessere Welt sind, ist eigentlich nebensächlich, entscheidend ist die Verankerung in gesetzliches und administratives Handeln sowie die Überprüfbarkeit der Veränderung.

Wie fungiert eine Überprüfbarkeit der Entwicklung von Nachhaltigkeit? Alle statistischen Landesämter liefern dem Statistischen Bundesamt regelmäßig Daten, damit auf nationaler Ebene der Nachhaltigkeitsbericht der Bundesregierung erstellt werden kann. Das hört sich erst mal langweilig und auch sehr verstaubt an, ist es aber nicht! Es gab vor einigen Jahren eine große Auseinandersetzung, welche Daten eigentlich abgefragt werden. Was für Statistiken interessieren uns und warum? Es wurde im Rahmen der 17 Ziele für eine bessere Welt von Indikatoren gesprochen. Die Frage, was erhoben wird, hat viel mit gesellschaftlicher Veränderung zu tun. Was ist uns wichtig an Statistik, und was ist anhand einer Statistik überhaupt überprüfbar? Reichtum kann anhand von Vermögen festgestellt werden,

Armut anhand von Einkommen. Die Möglichkeiten zur Messung des Umsetzungstandes von Nachhaltigkeitszielen sind in den letzten Jahren mehr geworden, und die statistischen Daten wurden immer besser aufbereitet. Das führt zu mehr Transparenz und Vertrauen, wozu auch die Digitalisierung beiträgt.

Manchmal glaube ich, dass engagierte Mitarbeiter:innen in der Verwaltung denken, dass eine hohe Transparenz und ein digitalisierter Zugang dazu führen, dass Menschen mehr Vertrauen in das Handeln der Behörden entwickeln.

Der Wunsch ist ganz einfach, es soll sich etwas real verändern. Alles andere ist für Expert:innen und »selbstverliebte Analysten«. Ja, ich behaupte sogar, es irritiert und verwirrt und führt zu der Erwartung, dass Dinge, die für die Zielerreichung notwendig sind, auch noch gelobt werden sollen. So funktioniert politische und administrative Anerkennung nicht!

Wir wollen spüren und mitbekommen, dass wir in einer besseren Welt leben. In Bezug darauf muss man natürlich überlegen, wo wir noch nicht gut sind und wo die Probleme am größten sind. Wann sind wir zufrieden? Wann wissen wir, dass wir auf dem richtigen Weg sind, und vertrauen uns, dass die Welt besser wird? Das ist die Frage. Verlässlichkeit, Vertrauen und ein positives Zukunftsgefühl! Ich glaube, es geht um Vertrauen und positive Erfahrungen und Entwicklungen zusammen.

Die 17 Ziele für eine bessere Welt betreffen alle Verantwortungsbereiche und sind miteinander verbunden, deshalb auch nachhaltig und universell! Diese Querschnittsaufgabe aller Lebensbereiche und der mit den Zielen verbundene Transformationsprozess kann nur erfolgreich gestaltet werden, wenn sich alle noch stärker miteinander vernetzen und die Umsetzung gemeinsam vorantreiben. Das ist in kleineren Gemeinden und Einheiten selbstverständlich einfacher als in komplexen Systemen, und deshalb können die einen sehr gut von den anderen lernen!

Im Zuge der Vorbereitung der beiden Städtepartnerschaftskonferenzen zu den 17 Zielen wurde in Bremen und Bremerhaven ein breites Netzwerk an Aktiven geschaffen, das sich der Umsetzung und Bekanntmachung verpflichtet. Es geht eben nur bei guten Strukturen, alle mit auf den Weg zu nehmen. Dabei sind verschiedene Projekte, Fortbildungen und Maßnahmen der Öffentlichkeitsarbeit zur Umsetzung der 17 Ziele nicht ausschließlich zentral gesteuert, sondern dezentral und partizipativ in den Stadtteilen voranzubringen. Dazu bedarf es einer hohen Kommunikation und eines verlässlichen Ansprechpartners. Denn die Umsetzung der 17 Ziele kann nur im Rahmen eines breiten gesellschaftlichen Konsenses gelingen.

Auch die Kommunikation und die einzelnen Projekte müssen barrierefrei für alle sein, deshalb wurde darauf geachtet, dass als Schlüssel zur Teilnahme leichte Sprache verwendet wurde. Beispielhaft seien die Broschüre »17 Ziele in leichter Sprache« sowie das entsprechende Methodenhandbuch für pädagogische Aus- und Fortbildungseinrichtungen genannt. Diese Publikationen werden vielerorts in Bremen genutzt und bundesweit nachgefragt. Auch hier ist Bremen ein Vorreiter.

Doch diese freiwilligen Aktivitäten reichen nicht für eine grundlegende Veränderung aus. Es braucht eine tiefe, strukturelle Veränderung, auch in der Verwaltung und im politischen Entscheidungsprozess. Und wo liegt das Herz einer Verwaltung und politischen Entscheidung, wie auch im Privaten? Bei den Finanzen – im öffentlichen Haushalt!

Der öffentliche Haushalt muss mit den 17 Zielen verbunden werden. Das Projekt »SDG-eHaushalt« muss vorangetrieben werden. Es ist als ein Pilotprojekt Teil des vom Senat beschlossenen eHaushalts und verfolgt eine Zuordnung der Produktgruppen und Leistungskennzahlen des bremischen Haushalts (Land und Stadtgemeinde) zu den 17 Zielen für eine bessere Welt.

Durch diese Zuordnung wird es künftig möglich sein, den Einsatz der Mittel für die Nachhaltigkeitsziele – auch zielspezifisch – abzubilden.

Langfristig bietet der SDG-eHaushalt somit ein ressortübergreifendes Instrument für eine wirkungsorientierte Steuerung mit Blick auf die 17 Ziele für eine bessere Welt.

Mit Blick auf das langjährige Engagement Bremens im und für den Globalen Süden ist der Senat außerdem bestrebt, für die Umsetzung der 17 Ziele bei den internationalen Partnern Bremens im Sinne des Ziels 17 zu werben und sie mittels gemeinsamer Projekte mit Leben zu füllen. Die Hauptstadt des Fairen Handels 2011 ist ein Zusammenschluss der Städte Brake, Bremerhaven und Geestland sowie der Gemeinden Hagen im Bremischen, Lemwerder und Beverstedt. Der länderübergreifende Verbund hat das Ziel, fairen Handel und nachhaltige Beschaffung bei allen Einkäufen zu berücksichtigen und damit den Titel »Fairtrade-Region« zu erreichen.

In dem Projekt »Sozial nachhaltige Beschaffung in der Ausbildung von Verwaltungsangestellten« soll Auszubildenden die Lebenssituation der Näher:innen von Arbeitskleidung zum Beispiel in Bangladesch nähergebracht werden.

Das Projektteam aus Gewerkschaften und NGOs zeigt darüber hinaus Handlungsmöglichkeiten für Azubis in Deutschland auf, um die Situation zu verbessern.

Das Bündnis »Fair übers Meer« hat das Ziel, auf die ökologischen Auswirkungen der globalen Seeschifffahrt und auf soziale Missstände wie schlechte Bezahlung und Arbeitsbedingungen an Bord von Schiffen hinzuweisen. Das Bündnis besteht aus elf Organisationen, fünf davon aus Bremen. Multi-Stakeholder-Initiativen wie diese sind – im Sinne des Ziels 17 (»Partnerschaften zur Erreichung der Ziele«) von essentieller Bedeutung für die Einleitung des von der Agenda geforderten Transformationsprozesses. Sie können den Vorteil bieten, dass sich verschiedene Akteur:innen zu einem bestimmten Thema verbinden und unterschiedliche Arbeitsgruppen bilden. Sie können den landesweiten Bewusstseinswechsel somit positiv im Sinne der Agenda 2030 vorantreiben und daran mitwirken, alle Bürger:innen mit den Themen der Nachhaltigkeit zu erreichen.

Wir sehen also: Es gibt Chancen und Wege. Viel passiert bereits. Bremen hat sich auf den Weg gemacht. Diese Beispiele sind aus der Zeit, als ich für den Bereich Nachhaltigkeit und SDGs im

Bremer Senat verantwortlich war. Jetzt sind einige Jahre vergangen, und ich gehe davon aus, es gibt noch viel mehr zu berichten – was den Rahmen dieses Buches allerdings sprengen würde.

Wir alle haben Wünsche für die Zukunft. Natürlich und vor allem für die eigene. Fangen wir damit also an. Was ist der größte Wunsch? Was benötigst du, damit dieser in Erfüllung geht? Haben vielleicht andere Menschen auf der Welt auch diesen Wunsch? Hat dieser Wunsch etwas mit den globalen Zielen zu tun?

Es lässt sich viel diskutieren, gerne auch mit sich selbst. Und es finden sich sicher Anknüpfungspunkte zu eigenen Wünschen und Vorstellungen. Das ist doch ein guter Anfang.

Machen wir uns also Gedanken zu unseren Wünschen und Zielen für unsere persönliche Entwicklung, unsere Nachbarschaft oder die globale Gesellschaft.

Am besten fängt man auch an, zu überlegen, was man eigentlich alles schon Gutes tut. Ein Ehrenamt. Den Müll trennen. Gebrauchte Kleidung kaufen. Mit dem Fahrrad fahren. Fühlt sich sicher schon einmal gut an, festzustellen, dass man einiges tut.

Veränderungen sind schwierig, und wir können und sollten nicht erwarten oder anfangen, die anderen ändern zu wollen.

Ein paar nachdenkliche Worte zum Schluss

Einige Highlights der letzten Jahre habe ich erzählt, da sie mich wirklich geprägt haben. Dass diese Aufgabe für mich eine große Ehre war, habe ich – so glaube ich – schon deutlich gemacht. Die kleinen persönlichen Momente aber haben einen besonderen Eindruck bei mir hinterlassen, und so, wie ich jeden Praktikant und jede Praktikantin zum Schluss des Praktikums nach seinen beziehungsweise ihren Schlüsselerlebnissen gefragt habe, so frage ich mich auch: Was bleibt an Bildern hängen? Was sind die Geschichten, die ich gern erzählen möchte? Davon gab es wirklich mehrere, die entweder komisch, traurig oder beeindruckend waren, ob über die Persönlichkeiten oder die Atmosphäre. Ich habe in den Jahren intensiv auf Facebook für alle sichtbar eine Art Tagebuch geführt, da ich finde, dass gerade als Mensch mit politisch-öffentlicher Funktion die sozialen Medien eine gute Möglichkeit für Transparenz und Teilhabe sind. Sie bieten die Chance zu zeigen, was man tut.

Mit meinen intensiven Facebook- und späteren Instagram-Eintragungen wollte ich außerdem immer deutlich machen, was ich alles außerhalb Bremens für Bremen mache, damit sich niemand fragt: »Warum ist sie nicht hier, und was macht die Hiller eigentlich?« Anhand der Eintragungen bin ich die Jahre noch mal zurückgegangen, wobei mir die Vielfalt der Tätigkeit und das Privileg, diese Aufgabe für die Freie Hansestadt Bremen über einen so langen Zeitraum ausfüllen zu dürfen, bildlich sichtbar geworden ist. Ich spürte auch, mit welcher Freude und Leidenschaft ich das alles intensiv gelebt habe.

Nun ist das Kapitel zu Ende, und es gibt ein Leben nach der Politik, was auch spannend und verlockend ist. Nun bin ich als Beraterin, Coach, Netzwerkerin und sogar in der Sport- und Fußballwelt unterwegs. Mit meiner Tätigkeit im Aufsichtsrat und Stiftungsrat beim SV Werder Bremen habe ich im Herbst 2021 eine neue aufregende Aufgabe bekommen, die mich neu fordert und wo ich viel lernen kann. Ich bin ehrenamtlich nach wie vor als Botschafterin der kommunalen Entwicklungszusammenarbeit und im Vorstand der Europa-Union in Bremen engagiert. Ich bin weiterhin gespannt, was mein Leben noch alles für mich bereithält und wo die Reise hingehen wird ...

Und nun noch etwas zum Grübeln:

»Radikale Demokratie wird angetrieben von rigorosen intellektuellen Visionen und globalen Theorien«

Ausschnitt aus dem Essay ***»Die Menschen retten, nicht den Kapitalismus«*** *von Ananya Roy in der Süddeutschen Zeitung vom 30. November 2019:*

> *»Meine Theorie der radikalen Demokratie beruht auf zwei miteinander verwandten Ideen. Die erste besagt, dass die Freiheitsträume, die die Rekonstruktion der Demokratie animieren, nicht von elitären Institutionen oder staatlicher Macht ausgehen. Sie entstehen vielmehr in Kollektivhandlungen, die aus dem Umstand gemeinsamer Prekarität hervorgehen – in Stätten ›organisierter Verlassenheit‹, einer Formu-*

lierung, die ich mir von der abolitionistischen Forscherin Ruth Wilson Gilmore leihe, um auf ›verlassene Orte‹ hinzuweisen. Der demos der radikalen Demokratie ist nicht die Wählerschaft, sind nicht die politischen Parteien, Denkfabriken, Stiftungen oder Universitäten. Der demos der radikalen Demokratie besteht aus Mietervereinen, Schuldnerverbänden, schwarzen Zukunftsbewegungen, Bündnissen für Tagelöhner und Hausangestellte, Organisationen für die Rechte von Immigranten und Asylsuchenden, Koalitionen aus Ausquartierten und Landlosen, Netzwerken des indigenen Widerstands. Demokratie ist keine Garantie. Freiheit ist ein Geschenk. Gerechtigkeit ist keine Erbschaft. Radikale Demokratie muss in jedem historischen Moment, inklusive dem unseren, aufs Neue gefordert und geschaffen werden.

Die zweite Idee lässt sich auf die aristokratische Eigenschaft der Demokratie zurückführen, mit *der Thomas Mann in seinem Essay ›Vom zukünftigen Sieg der Demokratie‹ rang, als er schrieb, dass in einer Demokratie, die das intellektuelle Leben nicht respektiert und sich nicht von ihm leiten lässt, die Demagogie freies Spiel habe.«*

(URL: https://www.sueddeutsche.de/kultur/ananya-roy-freiheitstraeume-radikale-demokratie-gastbeitrag-1.4698150)

HILLER
DE
181

Vertretung des Landes Bremen

Anhang

Ein Auszug aus meiner Elternrede zum Abitur unserer Tochter am 24. Juni 2022

Als ich meine Töchter fragte, ob ich diese Rede halten soll, gab es zu meiner Freude gleich große Zustimmung mit dem Hinweis, etwas für die Zukunft mitzugeben ... Hier kommen nun also abschließend die drei persönlichen »Ratschläge«, nicht von mir, sondern von einer mir bekannten internationalen Top-Managerin auf die Frage »Wie sind Sie so erfolgreich geworden?«

1. Um viel zu erreichen, braucht man viel positive Energie. Du kannst nur viel Energie haben, wenn du tust, was du liebst. Wenn du tust, was du liebst, wird der Erfolg viel einfacher kommen. Folge also deinem Herzen und deiner Leidenschaft, und mach das, was für dich richtig ist!

2. Sei neugierig und lerne weiter. Sei mutig, deine Komfortzone vollständig zu verlassen. Dies ist der Weg, um das größte und schnellste Lernen

auszulösen. Es ist in Ordnung, Angst vor diesen persönlichen Störungen zu haben – tu es einfach trotzdem. Erwarte nicht, dass es einfach ist, aber vertrau darauf, dass du immer Leute finden wirst, die dich unterstützen. Es ist auch in Ordnung zu scheitern, steh auf und stell sicher, dass du viel gelernt hast. Und versuch es erneut!

3. Sei ein netter Mensch. Niemand möchte mit unangenehmen Menschen arbeiten – oder für sie arbeiten. Es mag trivial klingen, ist es aber nicht. Behandle andere einfach immer so, wie du behandelt werden möchtest.

Glossar

»A- und B-Länder«: Als »A-Länder« werden die Länder mit SPD-geführten Landesregierungen, als »B-Länder« die mit CDU/CSU-geführten Landesregierungen bezeichnet.

Absolute Mehrheit: Mehrheit der Stimmen; derzeit mindestens 35 von 69 Stimmen (Artikel 52 Absatz 3 Grundgesetz).

Abstimmung: Abgestimmt wird nach § 29 der Geschäftsordnung des Bundesrates in der Regel durch Handaufheben. Das Abstimmungsverhalten der einzelnen Länder wird dabei nicht dokumentiert, es sei denn, dies wurde ausdrücklich beantragt (Länderaufruf).

Ausfertigung: Bei der Ausfertigung unterzeichnet der Bundespräsident die Gesetzesurkunde mit vollem Namen. Anschließend wird das Gesetz im Bundesgesetzblatt veröffentlicht (Artikel 82 Grundgesetz).

Ausschuss: Beim Bundesrat bestehen 16 ständige Ausschüsse (z. B. Innenausschuss, Finanzausschuss), die regelmäßig zwei Wochen vor der Plenarsitzung tagen. Der Bundesratspräsident weist den jeweils thematisch angesprochenen Ausschüssen die Beratungsgegenstände zu, die so die Beschlussfassung durch den Bundesrat in der Plenarsitzung vorbereiten können. Jedes Land verfügt im jeweiligen Ausschuss über eine Stimme.

Ausschuss der Regionen: Der Ausschuss ist die politische Versammlung, die der regionalen und lokalen Ebene eine Stimme in der Europäischen Union verleihen soll. Die europäischen Verträge verpflichten Kommission und Rat zu einer Anhörung des Ausschusses bei neuen Vorschlägen in Bereichen wie Bildung, Jugend, Kultur, Gesundheitswesen, wirtschaftlicher und sozialer Zusammenhalt, aber auch Umwelt, Sozialfonds, berufliche Bildung, grenzüberschreitende Zusammenarbeit und Verkehr. Der Ausschuss hat 344 Mitglieder aus den 27 EU-Mitgliedstaaten. Die deutschen Sitze sind so verteilt, dass 21 von den Ländern und 3 von den kommunalen Spitzenverbänden besetzt werden.

Bevollmächtigte: Die Bevollmächtigten der Länder vertreten ihr Land beim Bund, insbesondere im Bundesrat, Bundestag und bei der Bundesregierung. Sie stehen an der Spitze ihrer Landesvertretung in Berlin und sind meist Minister oder Staatssekretär. Alle 16 Bevollmächtigten bilden den Ständigen Beirat nach § 9 der Geschäftsordnung.

Bundesgesetzblatt: Ohne Veröffentlichung sind Gesetze oder Verordnungen nicht rechtswirksam. Sie werden hierzu vom Bundesministerium der Justiz im Bundesgesetzblatt verkündet. Teil I enthält Gesetze und Verordnungen. Im Teil II finden sich völkerrechtliche Verträge und Zollvorschriften.

Bundesland: Die Bundesrepublik Deutschland besteht aus 16 Ländern. Staatsrechtlich sind sie Gliedstaaten eines Bundesstaates mit eigenen Zuständigkeiten nach dem Grundgesetz. Die Ordnung in den Ländern muss den Grundsätzen des republikanischen, demokratischen und sozialen Rechtsstaates entsprechen (Artikel 28 Absatz 1 Grundgesetz). Über den Bundesrat wirken sie auf der Bundesebene und in Angelegenheiten der Europäischen Union mit (Artikel 50 Grundgesetz).

Bundespräsident: Der Bundespräsident steht als Staatsoberhaupt protokollarisch an der Spitze des Staates. Er repräsentiert als Verfassungsorgan die Bundesrepublik Deutschland nach innen und außen. Weiterhin vertritt er den Staat völkerrechtlich, bestellt deutsche und empfängt ausländische Diplomaten, schlägt die Wahl des Bundeskanzlers vor, ernennt und entlässt den Bundeskanzler und die Bundesminister, fertigt Gesetze aus, verleiht Orden und übt das Begnadigungsrecht aus. Gewählt wird er von der Bundesversammlung für fünf Jahre; eine einmalige Wiederwahl ist möglich.

Bundesrat: Durch dieses Verfassungsorgan wirken die 16 Länder bei der Gesetzgebung und Verwaltung des Bundes sowie in Angelegenheiten der Europäischen Union mit (Artikel 50 Grundgesetz). So werden alle Bundesgesetze, aber auch zahlreiche Verordnungen und europäische Themen über den Bundesrat von den Ländern mitgestaltet. Der Bundesrat besteht aus Mitgliedern der jeweiligen Landesregierungen. Die Landesminister/innen sind bei der Stimmabgabe im Bundesrat meist weisungsgebunden und können für ihr Land nur einheitlich votieren (Artikel 51 Grundgesetz). Abhängig von der Einwohnerzahl haben die Länder zwischen mindestens drei und derzeit maximal sechs Stimmen. Die Gesamtzahl der Stimmen beträgt momentan 69.

Bundesratspräsident: Der Bundesrat wählt jährlich zum 1. November auf ein Jahr seinen Präsidenten (Artikel 52 Absatz 1 Grundgesetz). Seit 1950 wird orientiert an der Einwohnerzahl der Länder ein Regierungschef zum Bundesratspräsidenten gewählt. Beginnend mit dem bevölkerungsstärksten Land Nordrhein-Westfalen endet der sechzehnjährige Turnus bei Bremen. Neben der Sitzungseinberufung und -leitung obliegt dem Bundesratspräsidenten die Vertretung des Bundespräsidenten (Artikel 57 Grundgesetz).

Bundesregierung: Die Bundesregierung (Artikel 62 ff. Grundgesetz) ist im Gewaltenteilungssystem die Spitze der Exekutive des Bundes. Von ihr gehen die meisten Gesetzesinitiativen aus. Die Bundesregierung besteht aus dem vom Bundestag gewählten

Bundeskanzler und den vom Bundeskanzler vorgeschlagenen und vom Bundespräsidenten ernannten Bundesministern. Der Bundeskanzler bestimmt die Richtlinien der Politik. Innerhalb dieser Richtlinien leitet jeder Bundesminister seinen Geschäftsbereich selbstständig und unter eigener Verantwortung.

Bundesstaat: Im Gegensatz zum Staatenbund ist die Bundesrepublik Deutschland als Bundesstaat verfasst. Hier schließen sich Staaten (Länder) zusammen und übertragen Teile ihrer Souveränität auf den Gesamtstaat. Charakteristisch ist damit, dass sowohl der Bund als auch die Länder über eigenständige (rechtliche, politische und territoriale) Befugnisse verfügen.

Bundestag: Der Deutsche Bundestag (Artikel 38 ff. Grundgesetz) ist die Volksvertretung (Parlament) der Bundesrepublik Deutschland. Seine mindestens 598 Abgeordneten werden in allgemeiner, unmittelbarer, freier, gleicher und geheimer Wahl für vier Jahre vom Volk gewählt. Zusammen mit dem Bundesrat erlässt der Bundestag die Bundesgesetze. Er wählt den Bundeskanzler, kontrolliert die Bundesregierung und befindet über den Bundeshaushalt.

Bundestreue: Nach diesem Grundsatz sind Bund und Länder wechselseitig verpflichtet bei ihrer Gesetzgebung, Verwaltung und Rechtsprechung aufeinander Rücksicht zu nehmen und sich zu unterstützen.

Bundesverfassungsgericht: Das Bundesverfassungsgericht in Karlsruhe ist das höchste Organ der Gerichtsbarkeit auf Bundesebene. Seine Richter werden mit Zweidrittelmehrheit auf zwölf Jahre vom Bundestag oder vom Bundesrat unter Ausschluss der Wiederwahl gewählt. Die Zuständigkeiten des Gerichts ergeben sich insbesondere aus Artikel 93 Grundgesetz. Unter anderem hat das Gericht das Recht, Gesetze auf ihre Übereinstimmung mit der Verfassung zu überprüfen und sie gegebenenfalls für nichtig zu erklären. Auch kann sich jedermann mit der Verfassungsbeschwerde an das Bundesverfassungsgericht wenden.

Demokratie: Die Demokratie ist in Deutschland nach Artikel 20 Absatz 1 Grundgesetz als Verfassungsprinzip fest verankert. Die Staatsgewalt geht im Gegensatz zu allen anderen Staatsformen vom Volk aus und findet in Deutschland ihren Ausdruck in Wahlen und Abstimmungen. Kennzeichnend sind freie Meinungsbildung durch Mehrheitsentscheidung, Gewaltenteilung und rechtliche Gleichheit.

Einspruchsgesetz: Sofern das Grundgesetz nicht ausdrücklich die Zustimmungsbedürftigkeit eines Gesetzes anordnet, handelt es sich um ein Einspruchsgesetz. In diesem Fall kann der Bundesrat nach dem vorgeschalteten Vermittlungsverfahren gegenüber dem Bundestag lediglich Einspruch erheben. Wird der Einspruch zurückgewiesen, tritt das Gesetz in Kraft (Artikel 77 Grundgesetz).

Enthaltung: Als Enthaltung bezeichnet man die Entscheidung, bei einer Wahl oder Abstimmung für keine Partei, Person oder Sachentscheidung zu stimmen, sondern eine neutrale Position zu beziehen. Da im Bundesrat immer mindestens 35 ausdrücklich positive Stimmen benötigt werden, wirken hier Enthaltungen faktisch wie Gegenstimmen.

Europäische Kommission: Nach Artikel 211 ff. des Vertrages zur Gründung der Europäischen Gemeinschaft ist sie das geschäftsführende Organ der Europäischen Gemeinschaften bzw. der Europäischen Union. Sie besteht aus 27 unabhängigen Kommissaren und wird vom Kommissionspräsidenten geleitet. Die Amtszeit beträgt fünf Jahre. Mit rund 20.000 Beschäftigten sorgt sie unter anderem für die Einhaltung des Gemeinschaftsrechts, initiiert sie Rechtsvorschläge und verwaltet den Haushalt der Europäischen Union.

Europäische Union: Die Europäische Union ist ein Zusammenschluss von 27 Staaten in Europa. Sie ist kein geschlossenes politisches System, sondern ein

Verbund selbstständiger Staaten. Mit seiner Gründung 1993 wurde neben der wirtschaftlichen Integration in Form der Europäischen Gemeinschaften, auch eine gemeinsame Außen- und Sicherheitspolitik und eine Zusammenarbeit in den Bereichen Polizei und Justiz vereinbart. Sie steht demnach auf den so genannten »drei Säulen«.

Europäischer Rat: Im Europäischen Rat kommen die Staats- und Regierungschefs der Europäischen Union und der Präsident der Kommission zusammen. Er bestimmt die allgemeinen politischen Zielvorstellungen der Europäischen Union. Mit seinen Beschlüssen gibt er wichtige Impulse für die Festlegung der allgemeinen politischen Ziele der Europäischen Union.

Europäisches Parlament: Das Europäische Parlament ist das einzige direkt gewählte Organ der Europäischen Union. Seine 736 Mitglieder, davon 99 aus Deutschland, werden alle fünf Jahre direkt aus allen 27 Mitgliedstaaten der Europäischen Union als Repräsentanten der insgesamt 500 Millionen Einwohner gewählt. Das Parlament übt Rechtsetzungs- und Kontrollbefugnisse aus. Benennungen des Kommissionspräsidenten oder auch Beitritte neuer Mitglieder bedürfen seiner Zustimmung.

Europarat: Der Europarat gehört nicht zur Europäischen Union, sondern ist eine eigenständige internationale Organisation mit Sitz in Straßburg. Seine wichtigsten Aufgaben bestehen in der Stärkung von Demokratie, Menschenrechten (Gründung Europäischer Gerichtshof für Menschenrechte) und Rechtsstaatlichkeit in den Mitgliedstaaten. Obwohl unter anderem alle 27 Mitgliedstaaten der Europäischen Union auch dem Europarat angehören, handelt es sich um zwei unterschiedliche Organisationen.

Exekutive: Im System der Gewaltenteilung steht sie als »vollziehende Gewalt« neben der Legislative (Gesetzgebung) und Judikative (Rechtsprechung). Sie umfasst die Regierung (Gubernative) und die öffentliche Verwaltung (Administrative), der in erster Linie die Ausführung der Gesetze anvertraut ist.

Fachministerkonferenzen: Die Ministerpräsidentenkonferenz und die Konferenzen der Fachminister sind Gremien, in denen die Länder in ihrem eigenen Zuständigkeitsbereich zusammenarbeiten. Sie sind deshalb keine Organe des Bundes oder Teile des Bundesrates. Die Konferenzen dienen der Selbstkoordinierung der Länder im so genannten kooperativen Föderalismus. In ihnen sprechen die Länder zu sie gemeinsam betreffenden Problemen ihre Vorgehensweise ab, beziehen Position gegenüber dem Bund, suchen aber auch mit ihm einvernehmliche Lösungen. Beschlüsse in Sachfragen kommen in der Regel nur bei Einstimmigkeit zustande. Sie entfalten keine unmittelbaren Rechtswirkungen, haben jedoch als Empfehlungen politische Bindungskraft.

Föderalismus: Bezeichnung für ein politisches Ordnungssystem, bei dem die staatlichen Aufgaben zwischen Gesamtstaat (Bund) und Einzelstaaten (Länder) aufgeteilt sind. Der Bund ist zuständig in allen Fragen von Einheit und Bestand des Ganzen, die 16 Länder haben jeweils das Selbstbestimmungsrecht beispielsweise in den Bereichen Bildung, Kultur, Polizei.

Gesetz: Formelle Gesetze sind alle Hoheitsakte, die von den verfassungsrechtlich vorgesehenen Gesetzgebungsorganen im Gesetzgebungsverfahren als Gesetze erlassen werden. Unter materiellen Gesetzen wird jede abstrakte und generelle Regelung, also auch Rechtsverordnungen und Satzungen verstanden.

Gesetzgebungskompetenz: Im Grundgesetz ist festgelegt, ob im konkreten Fall der Bund oder jeweils die Länder ein formelles Gesetz erlassen dürfen. Dabei gilt die Regel, dass die Länder für die Gesetzgebung zuständig sind, soweit nicht das Grundgesetz dem Bund das Gesetzgebungsrecht ausdrücklich zuweist.

Gewaltenteilung: Nach dem im Artikel 20 Absatz 2 Grundgesetz verankerten Prinzip der Gewaltenteilung wird die Staatsgewalt durch besondere Organe der Gesetzgebung, der vollziehenden Gewalt und der Rechtsprechung ausgeübt (horizontale Gewaltenteilung). Die Aufgabentrennung zwischen Bund und Ländern wird als vertikale Gewaltenteilung bezeichnet.

Grundgesetz: Das Grundgesetz ist die Verfassung Deutschlands.

Grüne Liste: Nicht strittige Beratungsgegenstände werden in der Bundesratsplenarsitzung in der so genannten Grünen Liste zusammengefasst. Über diese Punkte wird in einer gemeinsamen Abstimmung Beschluss gefasst.

Land: Die Bundesrepublik Deutschland besteht aus 16 Ländern. Staatsrechtlich sind sie Gliedstaaten eines Bundesstaates mit eigenen Zuständigkeiten nach dem Grundgesetz. Die Ordnung in den Ländern muss den Grundsätzen des republikanischen, demokratischen und sozialen Rechtsstaates entsprechen (Artikel 28 Absatz 1 Grundgesetz). Über den Bundesrat wirken sie auf der Bundesebene und in Angelegenheiten der Europäischen Union mit (Artikel 50 Grundgesetz).

Länderfinanzausgleich: Nach Artikel 107 Grundgesetz ist ein angemessener Ausgleich der ungleichen Steuererträge und der unterschiedlichen Finanzkraft zwischen Bund, Ländern und Gemeinden herbeizuführen.

Landesparlament: Das Grundgesetz bezeichnet die Landesparlamente allgemein als Volksvertretungen der Länder. Ihre Zusammensetzung wird auf der Basis der Landesverfassungen in Landtagswahlen auf vier oder fünf Jahre festgelegt. Aufgaben sind insbesondere die Landesgesetzgebung, die Kontrolle der Landesregierung oder auch die Bestimmung des Landeshaushaltes

Landesregierung: Die Landesregierung, in den Stadtstaaten Senat genannt, bildet die nach der Landesverfassung zu bildende Spitze der vollziehenden Gewalt (Exekutive) auf der Ebene des Landes. Der Bundesrat besteht aus Mitgliedern der Landesregierung (Artikel 51 Grundgesetz).

Landesvertretung: Die Landesvertretungen in Berlin üben eine Scharnierfunktion zwischen Bundes- und Landespolitik aus. Sie vertreten die Interessen des Landes, vermitteln Informationen in und aus Berlin und wirken an der Gesetzgebung im Bundesrat mit.

Legislative: Im System der Gewaltenteilung steht die gesetzgebende Gewalt (Legislative) neben der vollziehenden Gewalt (Exekutive) und der Rechtsprechung (Judikative). Organe sind auf Bundesebene der Bundestag und der Bundesrat.

Ministerpräsidentenkonferenz: Die Ministerpräsidentenkonferenz und die Konferenzen der Fachminister sind Gremien, in denen die Länder in ihrem eigenen Zuständigkeitsbereich zusammenarbeiten. Sie sind deshalb keine Organe des Bundes oder Teile des Bundesrates.

Öffentlichkeit der Sitzung: Nach Artikel 52 Absatz 3 Grundgesetz verhandelt der Bundesrat öffentlich. Dies gilt nicht für die Ausschusssitzungen.

Plenum: Der Bundesrat als »Vollversammlung« tagt regelmäßig meist im Abstand von drei Wochen freitags in Berlin. Jedes Land muss mindestens durch ein stimmberechtigtes Mitglied handeln.

Rat der Europäischen Union: Der Rat der Europäischen Union, auch als Ministerrat oder nur Rat bezeichnet, ist das gesetzgebende Organ der Union. Die legislative Gewalt übt er regelmäßig im Rahmen des so genannten Mitentscheidungsverfahrens gemeinsam mit dem Europäischen Parlament aus. Deutschland wird im jeweiligen Rat durch einen Bundesminister vertreten.

Rechtsstaatsprinzip: Nach diesem verfassungsrechtlichen Grundsatz ist die gesamte Staatsgewalt an das vom Volk oder seinen Organen gesetzte Recht gebunden. Die Konkretisierung erfolgt in der Gewaltenteilung, der Berechenbarkeit staatlichen Handelns, den Grundrechten und Sicherungsmechanismen wie der Rechtsweggarantie und den Justizgrundrechten.

Regierungserklärung: Mit einer Regierungserklärung stellt die Bundesregierung vor dem Parlament ihre Politikvorstellungen, Pläne oder Absichten vor oder nimmt zu aktuellen politischen Themen Stellung.

Republik: Eine Republik ist eine Staatsform, bei der im Gegensatz zur Monarchie ein auf Zeit gewähltes Staatsoberhaupt an der Spitze des Staates steht.

Sozialstaat: Das Sozialstaatsprinzip aus Artikel 20 und 28 Grundgesetz verpflichtet den Staat und hier besonders die Gesetzgebung auf soziale Gerechtigkeit. Der Gesetzgeber kann über den Umfang sozialer Hilfen unter Berücksichtigung der vorhandenen Mittel und anderer gleichrangiger Aufgaben entscheiden. Mindestvoraussetzungen für ein menschenwürdiges Dasein sind zu schaffen.

Ständiger Beirat: Der wöchentlich tagende Ständige Beirat nach § 9 Geschäftsordnung des Bundesrates berät und unterstützt den Bundesratspräsidenten und das Präsidium. Er wird von den 16 Bevollmächtigten der Länder gebildet.

Subsidiarität: Nach diesem Grundsatz sollen als Ausdruck der Eigenverantwortung staatliche Aufgaben primär und soweit möglich auf untergeordneter Ebene wahrgenommen werden, während übergeordnete Glieder zurückzutreten haben. Es ist ein wichtiger Grundsatz der Europäischen Union im Verhältnis zu den Mitgliedstaaten aber auch im föderalen Staatssystem der Bundesrepublik Deutschland.

Verfassungsorgan: Auf Bundesebene werden Bundestag, Bundesrat, Bundespräsident, Bundesregierung und Bundesverfassungsgericht als ständige und Gemeinsamer Ausschuss sowie die Bundesversammlung als nicht ständige Verfassungsorgane bezeichnet. Sie alle haben nach dem Grundgesetz Rechte und Pflichten.

Vermittlungsausschuss: Der Ausschuss nach Artikel 77 Absatz 2 Grundgesetz besteht aus jeweils 16 Mitgliedern des Deutschen Bundestages und des Bundesrates. Sein Ziel ist es, ein zwischen den beiden Entscheidungsträgern strittiges konkretes Gesetzgebungsverfahren zu einem positiven Abschluss zu bringen.

Verwaltungsvorschrift: Verwaltungsvorschriften sind Regelungen, die innerhalb der Verwaltungsorganisation von übergeordneten an nachgeordnete Verwaltungsträger ergehen und dazu dienen, Organisation und Handeln der Verwaltung näher zu bestimmen.

Zustimmungsgesetz: Das Grundgesetz ordnet an verschiedenen Stellen – beispielsweise für alle Grundgesetzänderungen oder bei bestimmten Steuergesetzen – die Zustimmungsbedürftigkeit gesetzlicher Regelungen ausdrücklich an. In diesen Fällen scheitert ein Gesetz, wenn der Bundesrat nicht zustimmt.

Zwei-Drittel-Mehrheit: Insbesondere Grundgesetzänderungen bedürfen nach Artikel 79 Absatz 2 Grundgesetzes der Zustimmung von zwei Dritteln der Mitglieder des Deutschen Bundestages und zwei Dritteln der Stimmen des Bundesrates (46 von 69 Stimmen).

Zitiert nach der offiziellen Website des Bundesrates: www.bundesrat.de/SiteGlobals/Functions/Glossar/glossar.html?nn=4656320&cms_lv2=4616900 (Stand: November 2023)